ちくま文庫

釜ヶ崎から

貧困と野宿の日本

生田武志

筑摩書房

目次

釜ヶ崎から

貧困と野宿の日本

文庫版への序――「西成特区構想」以降の釜ヶ崎

†日本で起きた21世紀初の暴動

こういう光景を再び見るとは思わなかった。

警察署を囲む機動隊に向かって、数百人の労働者や若者が空きビンや自転車を投げつけ、投石を繰り返す。機動隊は消火剤を撒いて群衆を追い散らし、さらに2台の放水車が強力な放水を始め、それをまともに受けた何人かが体ごと吹き飛ばされていく。労働者は自転車を路上に並べてバリケードを作り、何人もが機動隊に体当たりする。そして、機動隊めがけて消火器を投げ込み、ダンボールを満載したリヤカーで突撃を繰り返す……。

2008年6月13日から6日間、釜ヶ崎の西成署前で刑事による暴行への抗議活動が行なわれ、それが16年ぶりの暴動へ発展した。[1]

きっかけは、前日の6月12日にお好み焼き屋に行った元日雇労働者（当時は生活保護利用者）が、店員と言い合いになり、店員が警察に電話したことだという。その人は西成署に連れて行かれ、イスに座らされた上で、4人の刑事にかわるがわる顔を殴られ、紐で首を絞められ足蹴にされ、気が遠くなるとスプレーをかがされ、気がつくとまた暴行されたという（西成署は否定）。さらに、「始末書を書かなければ生活保護を打ち切る」と恫喝され「二度とこの食堂には近づかない」という始末書を書かされたとされる。

13日夕方、西成警察署前で、訴えを受けた「釜ヶ崎地域合同労働組合」が抗議活動を始め、当事者も殴られて腫れ上がった顔や、首に縄で絞められた跡がある状態で抗議をした。本人が被害を訴え始めると、「オレもやられた」「よく言ってくれた」と多くの労働者が集まり、「暴力警官は謝罪しろ」「署長は出てきて謝れ」という抗議行動が警察署前で広がった。

それに対し、夜8時30分ごろから府警の機動隊数百人が出動し、1000人近い群衆と数時間のにらみ合いが続く。そして、散発的に繰り返された衝突の中、労働者側が空き瓶や自転車、石などを投げ始め、一気に激しい衝突が始まった。その後、混乱の中、労働者側は機動隊の隙をついてフェンスを越えて署に突入し始めた。この結果、労働者など10人（16歳の女子高校生1人を含む）が逮捕される。

翌14日も機動隊との衝突が続き、機動隊は消火剤を撒いて労働者を追い散らし、さらに、放水車2台が出動して労働者に向かって放水を開始した。この日、初めて放水車が放水を開始すると、労働者側から「わーっ」という大歓声が上がった。しかしその後、放水を受けた一人は水が眼を直撃し、手術が必要な大けがを負う。労働者は自転車でバリケードを作り、消火器を投げ込み、投石を続けた。そして、飲み干したワンカップの空瓶を投げ、ダンボールを満載したリヤカーで機動隊めがけて突撃した。こうしたもみあいや投石が、連日深夜まで続いた。

暴動5日目の17日の夜には、機動隊が一気に労働者と若者の群衆を四方から挟み撃ちにする陣形でいっせいに検挙に出て、狙い撃ちのように数十人を捕まえ、西成署に連行する。

この暴動で逮捕された人数は計24人以上（少年5人を含む）。また、肋骨を折った人、

自転車のバリケード。この後、ゴミが大量に置かれて火が高く燃え上がった（写真はすべて筆者の撮影）

機動隊に顔面を殴られて血まみれになった中学生など、暴動の中で多数がケガを負った。

ぼくが経験した暴動は、1990年、1992年に続いてこれが3回目となる。「もうこういう機会はないだろう」と思っていた暴動に16年ぶりに遭遇し、暴動4日目、釜ヶ崎に来た若者たちに、釜ヶ崎についての内容と、夜回り・炊き出しなどの支援を訴えるビラを作ってまいた。「この抗議行動をきっかけに、釜ヶ崎や労働者のことをもっと知ってください。そして、釜ヶ崎の人たちとつながって、いっしょにできることを見つけてほしい」という内容だ。

ビラをまくと、現場にいた労働者も若者も「くれくれ」と手を出してきた。17歳くらいの男の子が「何のビラ？」と聞くので、「釜ヶ崎にはじめて来た人向けに書いたビラ」と言うと、「え？　釜ヶ崎って何。ここ、西成やろ？」と言っていた。少年たちの多くは、釜ヶ崎についてほぼ何も知らないようだった。

２００８年６月に起こったこの暴動は、第24釜ヶ崎暴動と呼ばれる。この暴動は、刑事による暴行への抗議活動として始まった。アメリカでもたびたびアフリカン・アメリカンの市民が白人警官に暴行を受け、それに対する抗議が暴動に発展することがある。釜ヶ崎で起きたのも、ほぼそれと同じ性質のものと言えるだろう。

西成署はこの件について、一貫して「暴力は振るっておらず、対応は適正だった」とした。アメリカでも、暴行したとされる警官は大抵、事実を完全否定する。だが、証拠動画などが公開され、その「真っ赤な嘘」ぶりがたびたび明らかにされる。しかし、今回の現場は署内だったため、暴行の真偽は明らかになっていない。

この暴動について、マスコミによる報道はほとんどなかった。そのため、この「21世紀に日本で初めて起きた暴動」をほとんどの人は知らない。

この暴動の１週間前の６月８日、派遣労働者だった加藤智大死刑囚が歩行者天国にトラックで突っ込み通行人を撥ね、ナイフで通行人を襲い、７人を殺害し10人を負傷させる「秋葉原無差別殺傷事件」を起こしている。この事件は連日トップ級のニュースとして報道され、その後、派遣労働や若者の貧困問題が様々な場で議論された。暴動もこの事件も不安定雇用の労働者が起こした大事件であるにもかかわらず、釜ヶ崎暴動は無視され続けた。メディアのこの沈黙は異様ですらある。

だが、4年後の2012年、釜ヶ崎は別の形でマスコミから注目されることになる。

†「西成特区構想」の登場

2012年1月、橋下徹・大阪市長は西成区を「直轄区」とする案を公表した。市長は「西成を変えることが大阪を変える第一歩」「僕が市長兼西成区長を務めて、特区を引っ張る」「西成区については、お金と人を使って、とことん政治の力を注入しないと街なんて簡単には変わらない」と発言した（後日、区長兼務の案は、地方自治法の「普通地方公共団体の長は、常勤職員と兼ねることができない」という規定に抵触することが分かり撤回）。

その後、鈴木亘・学習院大学教授が西成特区構想関係の大阪市特別顧問として就任し、同年6月から9月に「西成特区構想有識者座談会」（全12回）が開催される。テーマは「福祉と就労」「子育て支援、教育問題」「生活保護受給者・野宿者への就労支援、社会的起業」「医療、結核対策」「国際観光、ターミナル化」など多岐にわたる。ぼくもこの座談会に公園問題について呼ばれ、報告と討議を行なった。

その後、行政による「西成特区構想プロジェクトチーム会議」や市民向けのシンポジウムなどを経て、2014年9月から12月まで「あいりん地域のまちづくり検討会議」（全6回）が開催された。これは、町会長、社会福祉協議会会長、商店会連盟会長、NPO、労働組合などの代表、区役所職員、市会議員などが参加し、釜ヶ崎のあいりん総合センターの今後など、釜ヶ崎の今後のあり方について話し合うものだった。

実は、この検討会議については釜ヶ崎に関わる者の間で意見が激しく割れた。一方は「地域に関わる者が集まって意見をまとめることには意味がある。参加すべきだ」という意見、一方は「会議は西成を野宿者、日雇労働者にとって住みにくい地域に変えてしまう行政の意向にアリバイを与えるものになる。ボイコットすべきだ」という意見である。事実、大阪市・府・国が出席する「あいりん総合センターのあり方検討会議」が2013年12月から非公開で6回以上開かれていた。行政の意思は、ここですでに決められている可能性があった。

萩之茶屋小学校体育館で始まった「まちづくり検討会議」は、当初、傍聴者、参加者からの意見やヤジで議事が進行しない場面が続いた。のちに書かれたように、「会議では会議そのものの位置づけや手法、実現可能性について紛糾する場面や、急ぐべきテーマと時間をかけるべきテーマの整理など、各々の思いが交錯しながら、極めて多様な意見が出された。それだけ本テーマは、この地域にとって重要なテーマでありながら、ある種放置されてきたがゆえに課題が複雑に絡まっている状態でもあった」（「あいりん地域のまちづくり検討会議における提案」）。しかし、会議は主にいくつかのグループでのワークショップ形式とその発表という形で進められ、次第にさまざまな意見が交わされるようになる。

この会議の結果は2015年1月26日、松井一郎府知事も立ちあい、橋下大阪市長へ報告された。その中で、耐震問題のある「あいりん総合センター」の移転は現在地が最も現実的であること、無料低額診療所としての社会医療センターの存続が必要であること、新今宮駅周辺の活性化が「スラムクリアランス（貧困世帯の排除）型の再開発にならない」ことなどを市長に求めた。さらに、「今後も時間をかけてしっかりと議論を続けていく必要がある。それまでは施策を進めるべきではない」「労働者、野宿生活者をはじめ地域社会を構成する誰もが「排除」されないよう、地域特性と調和のとれた方針になるように、十分に注意を行なうことが重要である」と市長に対して念押しした。

しかし、その一方で「西成特区構想」の一部はすでに現実化していた。

†監視カメラに覆われた釜ヶ崎

2015年（平成27年）、西成特区構想関連事業予算は12億3000万円を計上した（あいりん地域を中心とする環境整備の取組み「5カ年計画」事業を含む）。

そこには、高齢者が地域で披露する紙芝居劇の曲作りなどを行なう「単身高齢生活保護受給者の社会的つながりづくり事業」、生活相談や就労に向けた技術獲得のための講習会などを行なう「日雇労働者等自立支援事業」、また、児童数が減少した萩之茶屋小、今宮小、弘治小と今宮中学校を統合し、小学1年生からの英語学習や小学校から一部教科担任制を取り入れるなどで話題になった「今宮小中一貫校」に関連する事業がある。

その一方、西成特区構想では「テント・小屋掛けの平和的解決」「夜間における防

釜ヶ崎の監視カメラ

犯、安全確保」「ゴミの不法投棄」「覚せい剤等の薬物取引」「露店営業」という「治安問題」が強調され、釜ヶ崎周辺に多数の監視カメラが増設されていった。さらに、大阪府・大阪府警・大阪市による「あいりん地域を中心とする環境整備の取組み」が「大阪市における西成特区構想と呼応し」、大阪府警があいりん地域内に45台、大阪市が通学路に（従来の6台から）36台の監視カメラを増設していった。

本文で触れるように、釜ヶ崎は監視カメラが路上に設置された日本で最初の地域だった。特に、15台のうち釜ヶ崎解放会館を監視していたカメラ1台は、最高裁で「結社の自由や団結権に深刻な影響を与えるだけでなくプライバシーの利益をも侵害する」という判決が確定し、西成署が自ら撤去している。しかし、現在、カメラは数億円を費やして釜ヶ崎周辺に114カ所以上設置されている。街中を歩けば必ず撮影される状態だ。

監視カメラは「防犯カメラ」と呼ばれ、「犯罪を防ぐこと」が本来の目的だが、先の判決が指摘するように「結社の自由や団結権」「プライバシー」を侵害する危険も持つ。このため、日本弁護士連合会は監視カメラの増加に懸念を示し、道路や公園など公共の場所で監視カメラを設置する場合、「犯罪多発地帯であること、または将来犯罪が発生する高度の蓋然性が認められる場所であること」を第一の要件として挙げている（「監視カメラに対する法的規制に関する意見書」2012年）。

では、釜ヶ崎は犯罪が多い「犯罪多発地帯」なのだろうか？　確かに、釜ヶ崎周辺は「国内有数の覚醒剤の路上販売地帯」として知られている。不法投棄も多く、2013年に大阪市が回収した不法投棄ごみ4160トンのうち3割の1435トンがあいりん地区で回収されている。しかし、トータルな犯罪率では話が違ってくる。

大阪市の「人口当たりの全刑法犯件数」（2009〜11年）を見ると、トップは常時、北区、中央区、浪速区、天王寺区、西区で、西成区は6位だった。2011年の場合、1位の中央区の1000人あたり犯罪件数101・2件に対し、西成区はそのわずか4分の1の25・7件。さらに大阪府警察による「犯罪発生マップ」を見ると、「どの街頭犯罪をみても顕著であるが、あいりん地域は、その周りに比べても、突出して犯罪発生件数が「低い」ことがわかる」（西成特区構想有識者座談会報告書）。

犯罪率について報告された有識者座談会には、ぼくも参加していた。そこでも強調されたが、人口あたりの街頭犯罪件数は、たとえば2011年1位の中央区が1000人あたり29件に対し、西成区は9・9件。つまり、梅田や難波などの繁華街より、釜ヶ崎の方が犯罪に遭う確率ははるかに低い。にもかかわらず、たとえばウィキペディアの「あいりん地区」を見ると、「あいりん地区には路上生活者が数多く居住し（…）そのため治安が悪い。身分証明証がなくても宿泊、就労、銀行口座開設ができるため、治安が悪化し統計を取ることが難しい。そのため無法の地になりやすい」（2015年7月現在）と、事実無根のデマが語られている。こうした世間のイメージを背景に、費用対効果などお構いなく、多額の税金を投入して監視カメラが張り巡らされたのだ。

通学路の安全については、通学路の見守りに野宿者を雇用することを本文で提案したが、西成特区構想でも、野宿者や元野宿者が学校と関わり、こどもたちと信頼関係を作りながら「地域による見守り」を作っていくというプランが提案されている。監視カメラに数億円を使うより、「地域の安心」という点でも、野宿者や生活保護利用者の仕事作りという点でも、そちらの方が望ましいだろう。

さらに「橋下徹市長が子育て世代の呼び込みを念頭に西成特区構想を打ち出したこともあり」（産経新聞、2012年4月12日）、西成署は「違法露店ゼロ」を掲げて釜ヶ崎のパトロールを強化した。露店に対する警告や逮捕を繰り返し、道路に機動隊員を並べ（!）、「実力行使」による露店の排除を行なった。露店の数は2011年7月の約130軒から1年で10～20軒にまで激減した。この結果、2015年現在、釜ヶ崎周辺に露店はほぼ存在しない。警官の巡回は続き、ダンボール集めをする野宿者のリヤカーが「違法駐車」で撤去され、仕事ができない事態も起こっている。

「西成特区構想」以来、これほどまでに「治安問題」が重視される理由は何なのだろうか。そこには、確かに「子育て世代の呼び込み」という理由がある。だが、より長期的な思惑として、西成区を大阪の新しい中心にする「大阪都構想」の存在があったと考えられる。

†「大阪都構想」と「西成特区構想」

「大阪都になれば、ここは新中央区。大阪の顔になります」。大阪都構想を問う2015年5月17日の住民投票の直前、西成区内で開いた演説会で橋下徹市長は西成区民にこう呼びかけた。

大阪都構想は、政令指定都市の大阪市を2017年4月に廃止し、中核市程度の権限と財源を持ち、公選制の区長を置く5つの「特別区」を設置、旧市の行政機能・財源のうち、広域行政に関わる部分を「大阪都」に、地域行政に関わる部分を「特別区」に移譲・統合するというものだった。橋下市長は、これにより「大阪府と大阪市の二重行政」の解消、特別区による地域の実情に応じた地域サービスが実現するとした。

注目された投開票の結果は、投票率66・83%、賛成69万4844票、反対70万5585票、つまり1万741票の差で大阪都構想の否決となった（ぼくは「反対」に投票した）。大阪都構想に対し、自民、公明、民主、共産の既成政党と多くの業界・地域・市民団体が総力を挙げて対抗し、かろうじて上回ったという結果だった。

「大阪都構想」が成立すれば、大阪市は５つの特別区「北区」「湾岸区」「東区」「南区」「中央区」に分けられる。現在の西区、中央区、浪速区、天王寺区、西成区が新「中央区」になり、西成区役所が中央区役所となる。「都構想の制度設計を担った大阪府市大都市局は新中央区の本庁舎には交通利便性などから浪速区役所が最適としていたが、大阪維新の会は政治判断から西成区役所に決め、官庁街を整備する青写真を描いている」（産経新聞、２０１５年4月10日）。つまり、「大阪都構想」はそもそも「西成特区構想」とリンクしていた。西成区を官庁街などが集中する「大阪の中心」、橋下市長の言う「大阪の顔」として作り替えるという構想である。

これは非現実的な話ではない。釜ヶ崎の中心「あいりん総合センター」の目の前には、ＪＲ環状線と南海電鉄が乗り入れ関西国際空港に直結する新今宮駅、そして、地下鉄御堂筋線と堺筋線が乗り入れ、新幹線が通る新大阪駅と直結する動物園前駅がある。さらに、観光名所の新世界・通天閣も、日本一高いビル「あべのハルカス」などの再開発で知られる阿倍野も、「でんでんタウン」で知られる日本橋《にっぽんばし》も、釜ヶ崎から歩いて10分強にある。釜ヶ崎は大阪市南部の「要」の位置にあるのだ。

大阪市は、「キタ」として知られる梅田や大阪駅、北新地、市役所や裁判所のある

釜ヶ崎の三角公園からあべのハルカスを見る

淀屋橋と、「ミナミ」として知られる難波、心斎橋、天王寺、新世界が知られているが、市全体として、所得水準が高く再開発が進む北部と、産業転換が進まず低所得地域が多い南部との「南北格差」があると言われている。そうした中、南部の再開発の成功事例として「阿倍野再開発」が挙げられる。かつては古い商店がずらりと並んでいた阿倍野は、日本一高いビル「あべのハルカス」やキューズモールの建設など、ここ数年で徹底した再開発が行なわれた。その結果、あべのハルカス周辺は、公表された路線価で、2013年の最高路線価が前年比35・1%増（1平方メートルあたり154万円）と上昇率日本一になり、2014年にも20・8%、2015年も12・8%（府内トップ、全国3位）と上昇し続けた。ハルカスの近辺は高家賃のタワーマンションの建設が続き、マンション販売戸数は5年前の3倍以上と「バブル」状態になっている（朝日新聞、2014年7月1

日)。一方、そのすぐ横の釜ヶ崎の路線価は、「地域のイメージ」による市場価値の低さのため圧倒的に安い。

釜ヶ崎は90年代以降、「日雇労働者の街」「野宿者の街」「生活保護の街」とその姿を変えてきた。ただ、年齢層の変化は少なく、釜ヶ崎の主役だったのは一貫して団塊の世代、特に集団就職層の人々だった。この人々はいま高齢化しているが、やがて平均寿命の年齢に近づいていく。

鈴木亘氏による「あいりん地域と西成区の人口予測」がある。これによれば、あいりん地域の高齢化率は2010年度の約42・0%から2015年度の50%以上へ、2030年の57・3%へ上昇する。そして、現在約2万5000人のあいりん地域の人口は2030年に1万人を下回り、2035年に2010年の3分の1に減少する。釜ヶ崎は「超高齢化と人口減少」という点でも「日本の縮図」なのだ。

かりに人口が3分の1になり、日雇労働者が激減した場合、「あいりん総合センター」をはじめ釜ヶ崎の施設や土地が今のまま放置されるだろうか。そうは考えられない。阿倍野再開発と同様の徹底した「釜ヶ崎再開発」を行ない、大阪の新しい中心、「大阪の顔」にするという思惑を一部の政治家、企業は抱いているだろう。「大阪都構想」と「西成特区構想」のリンクで大阪維新の会が考えた青写真は、そうしたものだった可能性がある。

これはある意味、非常に「目先の利いた」発想である。釜ヶ崎で日雇労働者が宿泊していた簡易宿泊所＝ドヤの多くが、日雇労働者→野宿者→生活保護利用者という変容にあわせ「福祉アパート」に路線変更してきたが、その一方、JR環状線沿いに並ぶ簡易宿泊所群は、外国人バックパッカーや女性旅行者向けの「国際ゲストハウス」へ転換してきた。2005年に宿泊施設の経営者が「大阪国際ゲストハウス地域創出委員会」（OIG）を作り、多言語対応のホームページ作成、大学生ボランティアによる地域案内などを続け、その結果、現在この地域は「日本のバックパッカーの聖地」として定着しつつある。実際、街中を歩いていて、関西でここほど多くの外国人を見かける地区はないだろう。2014年の1年間、9つのゲストハウスに宿泊した外国人は14万9000人で、その数は奈良市全域に宿泊した外国人の2倍だった。こうしたことから、2014年9月、奈良県橿原市は「西成区のホテルから橿原市への無料直行バス」の運行を始めた（産経新聞、2015年5月4日）。釜ヶ崎は「大阪南部の要」どころか「海外と関西を結ぶ要」になりつつある。

そこから、釜ヶ崎に発着する「長距離バスターミナル」構想も考えられている。「西成区の玄関口である新今宮駅の再開発は、今後のこの地域の将来展望を考える上で、非常に重要な事業と位置付けられる。新今宮駅は、大阪市内でも屈指のターミナルであるにもかかわらず、ターミナルらしい発展がまったく見られておらず、その事業化が望まれる。また、新今宮ターミナル構想で待望される機能として、ツアーバスや観光バスの発着も含めた長距離バスターミナルの建設や、各鉄道と長距離バスターミナルを直結させ、フードコート型の屋台街を設け、上層階に駐車場や商業施設を入れることなどが検討されるべきである」（鈴木亘「「西成特区構想」の具体的施策」『脱・貧困のまちづくり「西成特区構想」の挑戦』2013年）。

西成特区構想では、他に「台湾やタイをモデルにした屋台村構想」「大学誘致」「留学生会館の設置」「アートスペースの設置」「アーティストの居住スペースの確保」などが提案されている。「現代芸術振興事業」など一部は予算がつけられ、動き始めた。こうした流れを受けて、釜ヶ崎周辺では外国人や若者をターゲットにした飲食店が次々と開店している。こうした流れは今後も進んでいくだろう。

しかし、「西成特区構想」とリンクするだろう「大阪都構想」は、2015年5月の住民投票によって消滅した。橋下市長はこの結果を受け、12月の大阪市長の任期満了での政界引退を表明した。

だが、8月、橋下市長は松井知事とともに維新の党からの離党を表明し、10月に「おおさか維新の会」(国政政党)を結党した。11月の大阪府知事市長ダブル選挙では、「大阪維新の会」(地域政党)が、知事に松井現知事を、市長に都構想の制度設計で中心的な役割を果たしたとされる吉村洋文衆議院議員を擁立した。

松井、吉村候補は「大阪都構想」の再挑戦を選挙の公約に掲げた。他党や各種団体は再び共闘し自民党推薦の候補者を支持したが、11月22日に行なわれた府知事市長選は、松井氏が府内全市町村で、吉村氏が西成区以外の全区で対立候補の得票数を上回るという完全勝利に至った。朝日新聞による出口調査では、5月の住民投票で26%だった維新の支持率はダブル選挙で46%に急増している。この結果については、「大阪都構想」廃案後、自民党が対案として打ち出した「大阪戦略調整会議」が進展せず、停滞する現状に不満を持つ有権者が維新に投票したとも分析されている。

こうして、「大阪都構想」は住民投票へ向けて再始動することになった。一方、「西成特区構想」はどうなっただろうか。「あいりん地域のまちづくり検討会議」終了後、委員以外は傍聴不可という「あいりん地域まちづくり会議」が6月から開始された。そして、その3回目の10月29日、この「西成特区構想」の一連の会議に初めて橋下市長、松井知事が登場し、意見を述べた。

そこで、松井知事は「あいりんの問題は大阪全体の問題だ」「耐震に問題のあるあいりん総合センターは早急に工事をしたい」と述べ、橋下市長は「あいりんは労働者だけの街ではなく、地域住民の街でもあることを考えてほしい」と繰り返し、会議の最後に「あいりん労働センターを南半分に縮小し、センター北側と新今宮駅周辺を活性化させる。この新今宮駅周辺の活性化を中心に西成特区構想を進めたい」という意見を示した。予想されたことだが、「西成特区構想」の中心は日雇労働市場の縮小と「再開発」にあることが明確化されたのだ。

橋下市長の声で始まった「西成特区構想」の行方は、市長退任後の2016年以降については不透明だ。しかし、地元の商店や地権者による「国際ゲストハウス」をはじめとするさまざまな動きがこれからも進展していくことは疑いない。そして将来、府政、市政のイニシアティブを維新以外の党が握ったとしても、大阪南部の再開発を期待する企業や地元利権と結びついた政治家が、「西成特区構想」を土台に、徹底した「釜ヶ崎再開発」に乗り出す可能性は高い。そうして再開発が現実化したとき、釜ヶ崎は高家賃マンションの建設やそれに伴う地価上昇が始まり、深刻なスラムクリアランスに見舞われることも考えられる。その場合、立て替えや家賃高騰ラッシュにより、野宿者をはじめ生活困窮者は次々に追い出されていくかもしれない。

これは「ジェントリフィケーション」と言われる事態である。

†ドヤ街のジェントリフィケーション

「ジェントリフィケーション」(Gentrification) は1964年に社会学者ルース・グラスが『ロンドン』で初めて提出した概念で「地域の高級化」とも訳される。近代以降、都市が発展するに従って中流以上の住民が郊外に住む傾向が強くなり、都市中心部がスラム化する「空洞化現象」が知られていた。この空洞化した都心に高収入層や企業が回帰し、地域を作り替えてしまう現象をジェントリフィケーションと言う(2)。この問題についての古典とされるニール・スミスの『ジェントリフィケーションと報復都市』によれば、「ジェントリフィケーションとは過程であり、民間資本とミドルクラスの住宅購入者や賃借人が流れ込むことでインナーシティ(都心近くで貧困な人々が密集して住む地域）の貧民や労働者階級の地域が改造されることを意味します。そしてその地域は、それまで資本の引揚げとミドルクラスの流出を経験してきた場所です。もっとも貧しい労働者階級の地域が、作り替えられようとしているのです」（原口剛訳より一部改変）。

ジェントリフィケーションは1960年代のロンドンに始まり、エディンバラ、フィラデルフィア、シドニー、アムステルダム、ブダペスト、パリと世界的に進行した。その中で釜ヶ崎に近いケースは、ニューヨーク市ハーレムとロサンゼルス市スキッド・ロウだろう。

ハーレムは、20世紀前半から多くのアフリカ系アメリカ人が居住し、1920年代、「ハーレム・ルネサンス」に象徴される文化が現われた。しかし、世界恐慌と第二次世界大戦後のニューヨーク市の空洞化により不景気に見舞われ、各所で暴動が頻発するようになる。ある時期までのハーレムの一般のイメージは、荒廃、路上の犯罪、警察の暴力、ドラッグなどだったかもしれない。

しかし、1980年代以降、ハーレムで徹底したジェントリフィケーションが進行する。ニール・スミスが指摘しているように、ハーレムはマンハッタンの中心で多くの事務所や高層建築、商業施設、専門店等があるミッドタウンまでわずか4キロ、地下鉄で2駅という距離にもかかわらず、「20世紀のほぼ全般にわたって継続されてきた地域に対する資本の引揚げによって、家賃や地価はあり得ないほど低かった」。このため、当時のハーレムは「いまにもジェントリフィケーションが襲いかねない状態にあった」。

この時期から、ハーレムに昔からある小売店や露店が次々と立ち退き、大手資本の支店やショップが入り始める。家賃が高騰し、更新時にそれまでの2倍、3倍の家賃が求められるようになった。また、BID（ビジネス改善地区 制度区域内の不動産所有者から一定額を徴収し、地域の活性化に活用する制度）にハーレムの中心地が指定され、年間予算約50万ドル（2001年度）をかけ、地区内の清掃、ゴミ収集、警備員の配置が行なわれた。それによって、ハーレムにはオールドネイビー、GAP、アメリカンアパレル、H&M、スターバックスコーヒー、ディズニーショップなど「おしゃれな」店舗が並び立つようになり、街の風景は一変した。

一方、全米でホームレス最多の市ロサンゼルスの中でも最大のホームレス集住地として知られる（人口5万2400人のうちホームレス数3000〜6000人）「ドヤ街」

スキッド・ロウ（skid row）は、2015年現在「ロサンゼルスの将来を賭けた主戦場」(3)と言われている。この地区には無料診療所や巨大な警察署があり、一つの公園に20台ほどの監視カメラが設置され、かつては青いビニールシートをかぶせた荷物を持ったホームレスの人々が道路の至る所で寝ていた。釜ヶ崎と同じ光景だ。しかし、この地区もロサンゼルスの商業・文化施設が集中する地域に取り囲まれており、1990年代から次第にジェントリフィケーションが進行する。

そこで再開発と同時に行なわれたのは、徹底したホームレス排除だった。この地区のホームレスの人々は日常的に警官と私設ガードマンによって追い立てられ、朝の6時から夜の9時までは路上で寝ているとそれだけで逮捕されるようになった。こうしたホームレス排除は、実は各地のジェントリフィケーションで行なわれている。ホームレスの存在は裕福な人々の「クオリティ・オブ・ライフ」を侵害するものとして犯罪視され、路上から追い出してシェルターに押し込んだり、追い払って目に入らなくさせたりする方法が採られた。「裕福な人々にとって最悪な事の一つは、貧乏人と関わり合わざるを得ないこと」(4)だからだ。

†「西成を変えることが大阪を変える。大阪から日本を変える」

2013年6月、松井大阪府知事はタイムズスクエアやハーレム、グランドセントラル駅などを視察した。そして帰国後、「大阪のど真ん中にあるあいりん地域がニューヨークのハーレムのように変われば、この地域の可能性、ポテンシャルが大阪の成長に好影響を与える」と言った。「あいりん地域で覚せい剤の撲滅などに取り組み、環境改善を進める。各国からより多くの観光客を大阪・関西に呼び込むとともに、大阪のIR（統合型リゾート）構想や、鉄道ネットワークの整備などの都市開発を進める上でも、最重要課題のひとつだ」（カジノに動く大阪、あいりん地区の社会問題はハーレムに学べ http://www.bloomberg.co.jp/news/123-N5A9HK6JIJUS01.html）。いわば「釜ヶ崎は大阪の将来を賭けた主戦場」ということである。

ハーレムやスキッド・ロウのジェントリフィケーションは、釜ヶ崎のそう遠くない将来だろうか？「ちがう」と言うには、その歴史と光景はあまりに似ている。「西成特区構想」に始まる事態はローカルな問題ではなく、世界で同時進行している「空洞化した都心への資本の回帰」という現象の一つである可能性は高い。

ジェントリフィケーションを象徴するものの一つは、実は「スターバックス」だ。17年間にわたるアメリカの住宅価格の調査によると、スターバックスがある地域の住宅価格は他の地域と比べて大幅に上昇する。「まるで、スターバックスが住宅価格を上昇させているかのよう」に。これは、スターバックスが戦略的に高い地価の地域に出店すること、そして裕福な人々がスターバックスのある街並みに住む傾向があることによる。「そう、グリーンマーメードはコーヒーのブランドであると同時にジェントリフィケーションのブランドなのだ(5)」。

その意味で、釜ヶ崎（あいりん地区）にスターバックスが出店される時、それはジェントリフィケーションの到来を示す一つの目印になるだろう。1990年代後半以降、釜ヶ崎のJR環状線沿いでいくつかのコンビニが出店し始めたが（暴動を怖れてだろう、それまで釜ヶ崎にはコンビニが一つもなかった）、それが「日雇労働者の街」から「福祉の街」への釜ヶ崎の変貌を示すものだったように。

われわれは、「西成特区構想」や、起こりえるジェントリフィケーションをどう考えるべきだろうか？　もちろん、釜ヶ崎の地権者、経営者、そして「釜ヶ崎再開発」に関心を持つ企業、政治家の動きを止めることは難しい。そして、日雇労働者が減少し続ける限り、釜ヶ崎が今のような「寄せ場」（日雇労働市場）として存続し続けることも難しいのかもしれない。しかし、釜ヶ崎がコーヒーショップや高級レストラン、アパレルショップが並び立つ、いわばどこにでもあるような街に変わることは、意味のあることだろうか。

2013年1月深夜、「こどもの里」のこども夜まわりが、あいりん総合センターそばの路上で、腰を痛めて歩行困難な77歳の女性が震えているのを見つけた。女性に話を聞くと、兵庫県の甥のもとで暮らしていたが、甥は彼女の面倒をみるのに疲れ、「あそこなら家がなくてもなんとかなる」と言い、その日の夕方、釜ヶ崎まで車で連れて来て置き去り（！）にしたという。夜まわりには医師も参加しており、こどもの里に来てもらって点滴を打ち、2日間泊まってもらった。お金も頼る先もなかったこの女性は、相談の上、釜ヶ崎近くの病院に入院した。そして退院後、相談の上で生活保護を受け、釜ヶ崎近くのアパートで生活することができた。

これはもちろん、どう考えても許されない「姥棄て」だ。だが、釜ヶ崎に夜まわりがあり、「こどもの里」のような施設が存在したことは、この女性にとって最後の救いとなった。「赤ちゃんポスト」（こうのとりのゆりかご）についての議論がかつてあったが、こどもや高齢者を家族が支えられなった緊急時、「最後のセーフティネット」がどこかに存在しなければならない。そして、それは関西では釜ヶ崎になっている。

２０１５年年末の夜まわりでも、あいりん総合センター近くの多くの人が野宿している路上で70代の女性に会った。住み込みでホテルの掃除を何年もしていたが、長時間労働と労働環境の酷さに耐えかねて数日前に逃げ出した。大阪に出てきたが、財布がなくなっているのに気がついた。「西成に行けば、お金がなくても仕事と野宿する場所があるのではないか」と西成に来たという。その場で彼女と話し、宿泊費と食費を出して女性も入ることのできるドヤに数日泊まってもらった。彼女の希望は「仕事をしたい」「長年会えていない親族には知られたくない」ということだったので、役所で相談し、女性向けのシェルターに入所してもらった。

本文で触れるように、釜ヶ崎は日本社会が抱える労働、差別、貧困、医療、福祉の矛盾が集中する「日本の縮図」として、困窮した人たちを支援する「社会資源」が最も集中する街になった。夜まわり活動、飢えた人々への炊き出し、医療や生活保護や労働に関する相談、シェルターなどの宿泊施設やアルコール依存症の団体、こどもの貧困や虐待に対応する施設、アパートに入ったあとの生活支援を行なう団体などが活発な活動を続け、他の街では担うことのできない働きを数十年の間、続けている。

釜ヶ崎は「高級化された」地域になるべきだろうか。むしろ、生活困窮などさまざまな「生きづらさ」を抱える人々が助け合いながら生活できる街として存在し続けることの方が、はるかに社会的な意義があるのではないだろうか。「ジェントリフィケーションの対義語は崩壊や放置ではなく、住宅供給の民主化である」（ピーター・マルクーゼ）と言われるが、釜ヶ崎は多くの人に食糧、医療、教育、福祉を届けられる街であり続けてきた。釜ヶ崎は、生活に困窮した人々が生活できる「日本のセーフティネットの縮図」として存在している。簡易宿泊所を外国人向きに積極的に改装してきた府簡易宿所生活衛生同業組合の山田純範理事長は、外国人旅行者と釜ヶ崎の労働者が交流できる場としてのパブ創業の計画を立ち上げている。それが一例となるように、釜ヶ崎の活性化は、労働者や野宿者の排除ではなく、ここに集まるさまざまな人々の相互理解と交流へと向かうことができるはずである。橋下市長の「西成を変えることが大阪を変える。大阪から日本を変える」という言葉は、むしろこの意味で実現するべきなのだ。

不安定雇用と野宿の問題を日本で最も集中して体現してきた釜ヶ崎は、２０１６年のいま、新しい局面に入りつつある。ぼくが『ルポ　最底辺――不安定就労と野宿』（本書の旧題）を２００７年に書いたとき、「日雇労働者の街としての釜ヶ崎の姿を書き残しておきたい」という思いがあったが、その思いはより強くなっている。

この本は、１９８６年の釜ヶ崎から始まり、「年越し派遣村」前までの野宿・貧困問題で大きく揺れ動いた日本全国の状況をリアルタイムで描いている。今回の文庫化にあたって、事例の入れ替えやデータの修正、アップデートを行ない、２０１６年版として成り立つように書き直した。また、２００８年以降の野宿問題の状況について「補章」を加えた。

この本が、再び読者に「究極の貧困としての野宿問題」に目を向けるきっかけとなることを願っている。

註

（1）「釜ヶ崎」は地域としては西成区萩之茶屋周辺にあたる。よく言われる「あいりん地区」は、連続した暴動への対策を行なうにあたって行政が１９６０年代に考案した名称で、釜ヶ崎を含む0・62平方キロメートル（釜ヶ崎の3倍以上）の地域を指す。

（2）ここにある「ジェントリ」は「ジェントルマン」のことではない。16世紀のイギリスで、領主や富農というジェントリ（gentry、「郷紳」）が、農民から取り上げた畑や共有地だった野原を柵で囲い込み、羊を飼う牧場にした。このために土地を失った多くの貧しい農民が行き場所を失って放浪し、村落は崩壊して社会問題化した。当時、トマス・モアが「羊が人間を食う」と批判した事態だが、「ジェントリフィケーション」はこれにちなんで名づけられている。

（3）Colin Marshall「The gentrification of Skid Row; a story that will decide the future of Los Angeles」２０１５年3月5日の記事 http://www.theguardian. com/cities/2015/mar/05/gentrification-skid-row-los-angeles-homeless

（4） Charles Davis「Gentrification Comes to LA's Skid Row, and the Homeless Get the Shaft」２０１４年6月4日の記事
http://www.vice.com/read/gentrification-comes-to-las-skid-row-and-the-homeless-get-the-shaft

（5） Jana Kasperkevic「In gentrified cities which came first: Starbucks or higher real estate prices?」２０１５年2月3日の記事
http://www.theguardian. com/money/us-money-blog/2015/feb/03/starbucks-gentrification-real-estate-prices）

はじめに——北海道・九州・東京、その野宿の現場

†北海道——零下10度の野宿

2007年1月、ぼくは北海道で野宿者[1]を訪ねて回る夜回りに参加した。さっぽろ雪まつりが行なわれる大通公園の周囲などを、支援団体「北海道の労働と福祉を考える会」の人たち7、8人と一緒に回っていく。

この時期、札幌は日中でもマイナス1・5度、夜回りしている時間はマイナス4度、そして夜明けにはマイナス10度前後になる。ぼくが参加した日は、夜回りの途中、強い風と雪で一時目を開けていられないほどの「吹雪」のようになった。それでも、ダンボールハウスやテントを作っている人はほとんどいない。多くの人が寝袋に入った

り毛布にくるまっただけで寝ていた。

札幌市の野宿者数は全部で130人前後。歩いていくと、人があまり通らない駅の軒下、ビルの屋根の下などで多くの人が寝ている。女性も全体の8%ぐらいの人数が野宿をしていた。

夜回りで会った野宿者と話をすると、一人は「札幌駅の周囲の「ドン・キホーテ」は朝5時まで開いているので、店内を歩き回って朝まで時間をつぶす」と言っていた。駅が5時15分に開くので、それから駅の中で寝て寒さをしのぐのだという。洗濯物を外に干すとカチカチに凍ってしまうので、なるべくお金を貯めてコインランドリーを使うという話も聞いた。収入源は、ある人は本やパソコン、衣類を拾う仕事をして1日数百円、数千円になると言っていた。「駅手配で札幌から北海道北部の飯場《はんば》(労働者の宿舎)に行った。でも、仕事なんてほとんどなくて、借金だけになるので10日で逃げてきた」と話す人もいた。「北海道の労働と福祉を考える会」の聞き取りでは「冬は弁当のご飯が凍結して食べられなくなる」「公園の水が凍結して出なくなる」「親切な人がくれた毛布3枚で寝たが、マイナス12度以下になるとどんなに眠くても3時間ぐらいしか眠れない」という声があったという。

次の日、札幌から電車で30分の小樽へ行った。小樽駅前では、明らかに野宿している男性が荷物を抱えてしゃがみこんでいた。それを見ると、北海道のいろんな駅前でこうして野宿している人がかなりいるのではないかと思えてきた。事実、2007年現在、旭川、苫小牧、函館でも野宿者支援団体が活動を行なっている。氷点下20度を下回る日が珍しくない旭川市では、2003年に20人を越える野宿者が確認された。その中には、雪が膝上まで積もる河川敷の橋の下をテント地で覆って通年を過ごす54歳の女性もいたという（その後、札幌の野宿者は毎年10人程度減り続け、「北海道の労働と福祉を考える会」の2015年1月の調査では札幌市内の野宿者は45人となった。一方、札幌市内の4つの民間支援団体が行なうシェルターを441人が利用している〔2013年度〕。支援団体の活動によって、400人以上が野宿をせずにすんでいることになる）。

†北九州——家族5人の野宿

2006年12月、ぼくは福岡県北九州市の夜回りに参加していた。夕方から小倉北区の勝山公園で北九州ホームレス支援機構による炊き出し、衣類出し、医療相談、散髪などが行なわれ、そこに数百人の野宿者が集まる。その後の夜回りで、手分けして北九州市全域を回る。ぼくが回った小倉駅周辺では約60人が野宿をし、うち10人前後が女性だった。75歳の男性、77歳の男性、聾唖《ろうあ》で手話を使う人、腹膜炎を患っている人、夫婦でダンボールハウスで寝ているという人……、一人ひとりに声をかけながら支援機構の人が生活相談をしていく。

あとで、他の地域に夜回りに行った人に聞くと、そこでは借金で逃げている十代の女の子2人、二十代の息子、父、祖母という家族の野宿に出会ったという。以前に借金で自己破産の手続きをして生活保護を受けたが、それから再び借金をして、もはや逃げるしかないということだった。2007年1月の厚生労働省の調査では、北九州市の野宿者数は250人前後（2015年の調査では84人）。その多くは建設現場の仕事を見つけることでギリギリの生活費を得ている。高齢の人も多く、北九州市でも凍死していく人が何人かいるということだった。

†東京――「ネットカフェ難民」

2007年3月、ぼくは新宿のマンガ喫茶（ネットカフェ）に泊まった。夜の12時前に店に入って部屋を決め、「この券で、もれなくアイスクリーム1つか、パン、コロッケまたはパン2個と交換できます」という引換券をもらう。5時間の「ナイトパック」で1218円の料金。部屋は奥行き1・8メートル、幅が1メートル弱ほど。マンガはもちろん読めるし、部屋ではテレビとパソコンが自由に使える。店にはシャワーもあり、客が何人も入れ替わり立ち替わり入っていった。客層は、二十代の男女が多いが、四十代、五十代ぐらいの人も何人かいた。

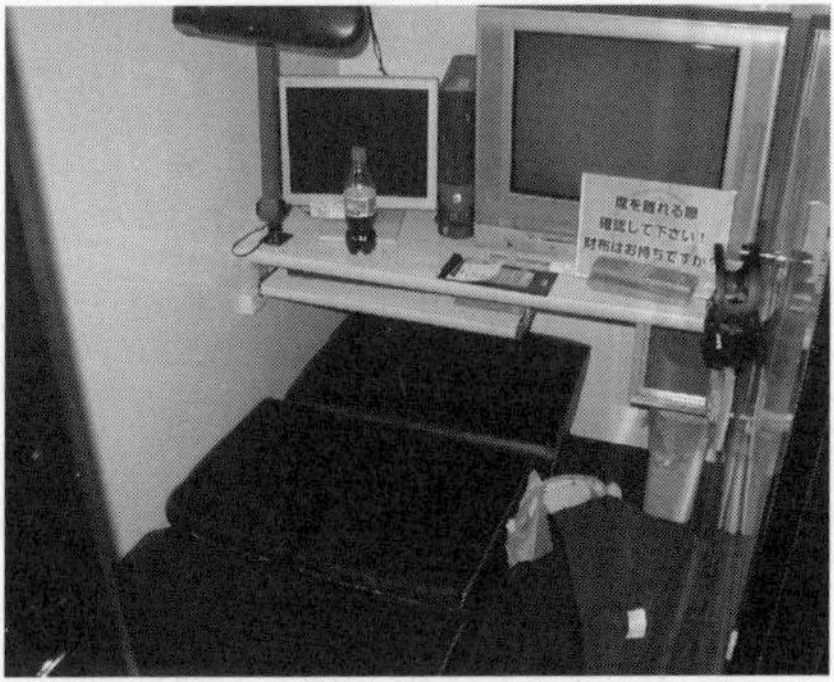

ネットカフェの個室内

寝るときは、部屋のソファを倒して横になる。身長1・8メートルのぼくは体を伸ばすことができず、体を丸めて寝た。毛布も布団もないが、暖房が効いているので寒くはない。ただ、夜の間中、人の歩く音やパソコンの音がしてとてもゆっくりは眠れない。客の一人は、他の人から苦情があったのか、時間がすぎても出てこないらしく、店員がドアをコンコン叩いて「お客様、お客様」と深夜に30分以上呼び続けていた。

朝6時、空き部屋を待つ若者の行列を横に見ながら、1時間延長分315円をプラスして料金を払う。店を出てマクドナルドに入ると、驚いたことに店内は満員で、何人もの若者が机につっぷして眠り込んでいた（2カ月後、100円コーヒーなどで夜を過ごす「マクドナルド難民」という言葉を新聞で初めて見ることになる）。

そのあと用事で山手線に乗ったが、寝不足のためたちまち眠り込んだ。目が覚めて外を見ると、すでに山手線を1周半しているところだった。この2007年3月3日、携帯電話やメールで労働者を集める「スポット派遣」（日雇い派遣）大手の人材会社フルキャストグループで、日雇いスタッフにも年次有給休暇を保証し、日雇い雇用保険を適用することなどを明記した労使協定の成立が新聞報道されていた。それは、従来の「寄せ場」ではない場での日雇労働運動がその第一歩を踏み出したことを示すものだった。

†フリーターが野宿になる時代

2007年4月6日、厚生労働省は「ホームレスの実態に関する全国調査報告書」を発表した。

それによると、日本のホームレス数は1万8564人、2003年調査より6732人（26・6％）減った（2015年は6541人）。野宿者約2000人のアンケートによると、平均年齢は57・5歳。路上生活期間「10年以上」が15・6％、「5年以上10年未満」が25・8％。厚生労働省は「景気の回復による就労状況の改善や自立支援施策により、全体の人数が減ったとみられる」とコメントした。

しかし、現実には野宿者の多くは厚生労働省の言う「就労」ではなく、主に支援団体の努力による「アパートでの生活保護」へと吸収されている。たとえば、大阪市では8年間で5000～6000人の野宿者が生活保護によってアパートに入った（同時に、数千人が新たに野宿になっている）。野宿の減少は、主に「高齢化」による生活保護の増加によって起こされていた。また、行政による公園からの追い出しが進み、調査では把握しにくい路地裏などに寝場所を移す人も増えている。一方、フリーター層には、ネットカフェなどを転々としながら宿泊し、携帯サイトで日雇い派遣の仕事を探して日銭を得る人たちも増えつつある。問題を生み出す社会的背景が解決されないまま、目に見えるテントなどの「数」だけが減っている状態である。

野宿問題は、日本では20世紀末に一気に社会問題化した。そして、90年代前半までの日本の野宿者のほとんどすべては日雇労働者だった。日本最大の「寄せ場」である釜ヶ崎には今（2015年）も1万人ほどの日雇労働者が生活し、日本の野宿問題の中心地となっている。ぼくは1986年からその釜ヶ崎で主に日雇労働者として働きながら日雇労働と野宿の問題に関わり続けてきた。

野宿問題は変容し続け、いまや野宿者の大多数は日雇労働を経験していない人たちとなった。そして、野宿者は次第に「高齢化」と（ネットカフェ難民がそうであるように）「若年化」の二極化をたどってきた。この野宿問題の変化の中、ぼくは2000年頃から「フリーターは多業種の日雇労働者である」「したがって、フリーターの一部はいずれ野宿生活化する」と思うようになった。「不安定就労から野宿へ」という問題の主役が、五十代を中心とする日雇労働者から、やがてフリーターなどの若年層へと移っていくだろうということだ。

いま、400万人を越えるともいわれる多くの若者がフリーターとして不安定な雇用形態で将来が見えないまま働いている[2]。では、釜ヶ崎や山谷で暮らす「究極の不安定就労」としての日雇労働者はどのように働き、そしてどのように「究極の貧困」である野宿へとなっていったのだろうか。そしていま、1万人近い日本の野宿者はどのような状況で生活しているのだろうか。

それを、ぼくの1986年の経験から話していくことにしよう。

註

（1）本書では主に「野宿者」という言葉を使っている。しかし、「浮浪者」「ホームレス」あるいは「路上生活者」と言われる場合もある。これらの言葉はどう違うのだろうか？

80年代まで、日本では「浮浪者」という言葉が使われていた。たとえば、1983年の横浜の野宿者（正確には「野宿日雇労働者」）襲撃事件は、当時「浮浪者襲撃事件」として報道された。しかし、「浮浪者」はさすがにおかしいということになり、マスコミは90年代から次第に「ホームレス」という言葉を使うようになった(行政も公式に「ホームレス」を採用している)。

一方、「野宿者」は主に現場の支援者が使ってきた言葉である。また、「路上生活者」は用語に慎重なマスコミが使うことが多く、比較的中立的な表現と言える。

ところで、カタカナの「ホームレス」と英語の「homeless」だが、このふたつは実は意味がぜんぜん違う。たとえば、2011年に東日本大震災が起こり、多くの人が家を失ったが、これは英語では「Around 400,000 people are expected to be homeless as a result of this earthquake」(この地震の結果、約40万人がhomelessになったと思われる)(Earthquake-Report.com)と報告された。英語の「homeless」は「何らかの理由で住居を失い、シェルターや寮、病院、知人宅などで過ごしている状態」のことをおおざっぱには指しているので、被災者も失業による野宿者も「homeless」なのだ。

野宿の問題を語るためには、この英語の「homeless」が一番適当かもしれない。これだと、入院中だけれども他に住む場所のない人(「社会的入院」数は全国で13万〜20万人)、施設から出ても行くあてのない人、あるいはシェルターで暮らしている人、家がなくて友人の家やネットカフェで寝ている人なども入るからだ。しかし、日本語にはこの「homeless」にあたる言葉が存在しない。そのため、ホームレス問題の国際的な比較においても困難が生じる事態となっている。

（2）非正規雇用労働者は、主に高齢者層と35歳以上の年長フリーター等、中年者が増加し、２０１４年でフリーター等（15～34歳）３４２万人、年長フリーター等（35～54歳）１９８万人とされる。
http://www.mhlw.go.jp/file/04-Houdouhappyou-11602000-Shokugyouanteikyoku-Koyouseisakuka/0000037226.pdf

第1章　不安定就労の極限——80〜90年代の釜ヶ崎と野宿者

†釜ヶ崎の衝撃

1986年4月7日、21歳のぼくは初めて大阪市西成区にある日雇労働者の街、「釜ヶ崎」に来た。

京都市の同志社大学の近くの下宿を出て、電車を乗り継いで約1時間半、大阪環状線の新今宮駅を降りると、そこには今まで全く見たことのない世界が広がっていた。

駅を出て周囲がわからないまましばらく歩くと、作業服を着た50歳前ぐらいのおっちゃんが近づいてきて、「にいちゃんは何しに来たんや?」といきなり話しかけてきた。知らない人にいきなり話しかけられたのに少々ビックリしたが、顔には出さずに

「ここでボランティアしたいと思ってきたんだけど……萩之茶屋2丁目ってどこかな?」とタメ口で答えた。すると、そのおっちゃんは、道のわきの花壇に植えてあった花をひとつつまんでぼくに差し出し、「ボランティアって、愛やろ?」と言うのだった。「そうかも……」「2丁目は、あっちやで」。そんなことを言って、おっちゃんはまたフラフラッとどこかへ行ってしまった。来て早々経験したことのないような出会いをして、ぼくは驚きながらも少々感動していた。そしてその後、釜ヶ崎でこうした「出会い」を数え切れないほど繰り返すことになる。

しばらく歩いて釜ヶ崎の中心に入っていくと、道でゴロゴロと死んだように寝っ転がっている人がいっぱい目に入ってきた（本当に死んでいる人にもやがて何度も出くわすのだが）。周りを見ると、狭い路上には屋台が並び、作業着姿のたくさんの労働者が店の前や路上で酒盛りをしていた。何人かが立ちションを当たり前みたいにしていて、ションベンの匂いが街のあちこちに立ちこめていた。駅前の道路の分離帯の真ん中では、一人の労働者がまわりに誰もいないのに大声でしゃべっていた。近づいて聞いてみると、「神様の話」を手振り身振りしながら説教しているのだった（数カ月後、「なんでここで説教してるんですか、人の多いところでしたらいいのに」と言うと、その人は「私はこの場所で神さまから教えを受けましたから」と言っていた)。街を歩くと、誰も入れないように金網で完全に封鎖された公園があって、その中ではニワトリが数羽、元気に走り回っていた。街中を野良犬や飼い犬が群れをなして駆け回り、無数のハトが路上に舞い降りて、おっちゃんたちが投げるパン屑をついばんでいた。どう見ても、現代日本の光景とは思えなかった。

この当時、0・62平方キロメートルの釜ヶ崎には2万5000人の日雇労働者と1万人以上の住民が生活していた。釜ヶ崎は当時も現在も「日本最高の人口密度の街」であるらしい。多くの人が日雇労働で現場に行っていたとはいえ、街は作業着の労働者でお祭りのようににぎわっていた。そして、平均年齢が四十代後半のたくさんの労働者がぼくの方を見て、時々さっきの人みたいに「学生か?」と話しかけてくる。すごいとこに来ているなあと思いつつ、ぼくは「釜ヶ崎キリスト教協友会」の施設のひとつ、目的地の「喜望の家」を探し当てた。

†「路上死数百人」の街

ぼくが釜ヶ崎の存在を知ったのは、テレビ番組でだった。

1986年1月、ドキュメンタリー番組「中村敦夫の地球発22時」が釜ヶ崎を特集した。仕事をさがす日雇労働者、仕事がなくなったために真冬に路上で野宿している人たち、野宿の現場をまわる「越冬」の夜回り、路上から施設に入所する人たちなどを放映した。

番組を見ていると、日雇労働者は病気やケガ、あるいは不況で仕事がなくなると収入がなくなって次々と野宿になっていく。そして、特に寒さの厳しい冬に多くの労働者が路上や運ばれた病院で死んでいく。こうして大阪市内だけで年間数百人が路上死していくという。

京都市のアパートでこの番組を見て驚いた。同時代の日本で多くの人たちが貧困のために路上で野宿をし、さらには年間に数百人が死んでいる。そして、夜回りをして野宿者を訪ね、生活の支援をしている人たちがいる。自分が今まで生活してきたのとはまったく違う世界が、行こうと思えば電車で1、2時間のところにあるというのは大きな驚きだった。

そのとき大学2年のぼくは、数学や物理学の論理的基礎を学んでいたが、一方で自分自身と世界との生きた接点が見つけ出せないという現実喪失感に苦しんでいた。もともと、社会にある貧困の問題に関心は持っていたが、それと自分固有の問題とをどうつながりをつければいいのか、解けない問題のように感じられていた。下層の労働運動に関わりながら独自のキリスト教体験を重ねた思想家、シモーヌ・ヴェイユの著作集を読んで強く惹きつけられたのはこの頃だった。ちょうどその時期、この釜ヶ崎の番組を見た。今振り返れば、そのことがその後のぼくにとってかなり大きな意味を持つことになる。

著者が通報した路上死の跡（2007年5月）

†経済成長を陰で支えた釜ヶ崎

釜ヶ崎に来て最初にしたのは、数十年来労働者の支援活動をしている釜ヶ崎キリスト教協友会（当時9つの施設の連合体）を訪ね、毎週行なわれている夜回りなどの活動に参加することだった。釜ヶ崎では、60年代末以来、日雇労働組合とプロテスタント・カトリックのキリスト教団体が車の両輪のように活動して日雇労働者を支援していた。ぼく自身は活動家でもキリスト者でもなかったが、その一方の活動に参加し始めたわけだ。その中で、当時ほとんど一般に知られていなかった日雇労働と野宿の問題を学び始めることになる。

釜ヶ崎とはそもそもどういう場所なのか。釜ヶ崎は日雇労働者が仕事を求めて集まる「寄せ場」であり、労働者が生活する簡易宿泊所が密集する「ドヤ街」(「やど」の逆読みといわれる)でもある。日本にはいわゆる四大寄せ場、東京の山谷、横浜の寿、名古屋の笹島、大阪の釜ヶ崎があり、釜ヶ崎はその中で最大規模の寄せ場だった。そして2015年現在、もはや「寄せ場」として機能しているのは、今も労働者が1万人近くいる釜ヶ崎だけといわれている。

「釜ヶ崎」はかつて西成郡今宮村の一地名だったが、1922年の地名解消によって消滅し、それ以降は通称として使われている。一般に知られているのは「あいりん(愛隣)地区」だが、釜ヶ崎の労働者でこの言葉を使う人はまずいない。なお、日雇労働者は「釜ヶ崎」という言葉に馴染んではいるが、日常的には「西成から仕事に来た」「西成の人間」など、西成という言葉を使うことが多い。

粗末な安宿を意味する「木賃宿」(ドヤ)の街としての釜ヶ崎の形成は、大阪市の文書（1921年）に「明治三七年当地木賃宿ノ創立以来」とあることから、1904年頃と考えられる。1906、07年には日本橋《にっぽんばし》の名護町（長町）で大阪市のいう「スラムクリアランス」があり、貧しい住民が周辺に追い散らされた。その中で、木賃宿の宿代を支払える零細工場労働者や日雇労働者層が釜ヶ崎に移住していったと

あいりん総合センター

昔ながらの釜ヶ崎のドヤ

される。

1911年には、現在も続いている福祉施設「自彊館《じきょうかん》」が開設されている。自彊館は釜ヶ崎最初の福祉施設で、単身の男性労働者が対象だった。つまり、すでにこの頃には相当数の労働者が生活困難に陥っていたことになる。1916年5月の大阪朝日新聞では、「この一画は全く無警察と称せられて居る処で（…）地名は今宮村大字釜ヶ崎といふ、彼方此方に幾棟かの九尺二間の裏長屋が燐寸《マッチ》箱のやうに並んで居て、約二三百軒はあるだらうと思はれる、其の多くは木賃宿、俥夫、紙屑拾、古物商、土方人夫の社会の最下級におちこんだ先生方である」と描写されている（新聞と大阪市文書の引用は加藤政洋『大阪のスラムと盛り場』による）。

1930年頃には、世界恐慌の影響による野宿者の激増が起こっている。1925年の国勢調査によれば大阪市内の野宿者数は777人だったが、1930年には3倍の2241人に急増した。経済状況は約60年ごとに循環するといわれることがあるが（コンドラチェフの長期波動）、1991年のバブル経済崩壊に始まる野宿者激増の約60年前、同様の事態が起こっていたのである。

その後、釜ヶ崎は1945年3月の大阪大空襲によってほぼ全焼する。バラックから始まった戦後の釜ヶ崎は、戦後復興と第二次産業（特に土木建築業）を主軸とする日本の経済政策に乗って、日雇労働市場＝「寄せ場」として特化・拡大していった。それと同時に、釜ヶ崎は労働者の家族からなる「スラム」から、単身男性労働者の「ドヤ街」へと急速に変貌していく。当時、釜ヶ崎に大量に入っていったのは、産業構造の転換によって仕事を失った炭鉱業・造船業の労働者、そして高度経済成長期に労働力として登場した「団塊の世代」の集団就職層の若者だった。そして、その年代の男性が2015年現在にいたるまで釜ヶ崎労働者の大多数を占め続けることになる。

1961年8月、交通事故にあった日雇労働者を西成署の警官が即死と速断し、歩道に放置したまま現場検証を続けたことに対する労働者の抗議をきっかけに、第一次「釜ヶ崎暴動」が発生した。警察に抗議する労働者は西成警察署を包囲、投石し、パトカーや付近に駐車していた車を横倒しにして放火するなど、暴動は5日間にわたって続いた。それ以後、釜ヶ崎で暴動は1973年までに実に21回発生する（この時期、日本は高度経済成長期である！）。

繰り返された暴動によって釜ヶ崎が社会的に注目され、労働対策は大阪府労働部、福祉行政は大阪市、治安対策は大阪府警西成署といういわゆる「あいりん体制」が1

962年以降に作られる。この体制のもと、1971年頃までに大阪社会医療センター(事実上無料の診療所)、市立更生相談所(釜ヶ崎専門の福祉事務所、2014年度から「西成区保健福祉センター別館」)、あいりん総合センター(公的な「寄せ場」)、路上の監視カメラ等の設備が釜ヶ崎に集中的に作られていく。労働、生活、医療、治安にわたる釜ヶ崎に特化した設備が形成され、それが現在にまで引き継がれるのである。

†あらゆる矛盾が露呈する「日本の縮図」

ぼくが最初に釜ヶ崎に行った1986年4月は、数年間続いた不況、労働者の急増、簡易宿泊所の新改築による宿泊料の高騰によって多くの労働者が野宿に追いやられている時期だった。浪速、天王寺、西成の各区で900人近い労働者が野宿し、釜ヶ崎地域合同労働組合などでつくる「釜ヶ崎炊き出しの会」の1日2回の炊き出しには、毎日500人近くが並んで飢えをしのいでいた。

ぼくは釜ヶ崎キリスト教協友会の「喜望の家」で、釜ヶ崎についての説明を受けた。生まれて初めて聞くような話ばかりだったが、その中で、釜ヶ崎は日本社会が抱える労働、差別、貧困、医療、福祉の矛盾が集中する「日本の縮図」だという言葉が印象に残った。だが、その言葉の意味を実感を持ってつかめるようになるには、その後かなり長い年月がかかることになる。

その後、釜ヶ崎の幾つかの施設を見学し始め、ぼくはその中で「出会いの家」という施設に関心を持った。そこは、野宿者に無料で宿泊と食事を提供し生活相談に乗り、高齢者や障害を持つ人については、役所で生活保護を申請してアパートに入る支援活動をするという。「出会いの家」は、渡部宗正さんという個人が貯金と借金あわせて500万円を投じて釜ヶ崎の中に購入した施設で、活動資金はカンパや毎日の路上のバザーで集めていた。実際に活動を見てみると、早朝のバザーから近畿各地へのカンパ物資の収集、深夜に至る生活相談と、「ここまでやる人がいるのか」と驚かされる献身的な活動ぶりだった。

釜ヶ崎・三角公園の炊き出し

「出会いの家」は1985年12月設立で、「当初は、10坪のあばら家からのスタートで10名のひとびとがとまるのがやっとでした」とホームページにある（現在は10倍以上に増築）。確かに「あばら屋」で、もともと長屋だった家は歩くとギシギシと音を立て、ドアを閉めていても壁の隙間から猫が自由に出入りできるのだった。

4月中頃、初めて「出会いの家」に行ったとき、その「あばら屋」には野宿になった日雇労働者がひとり生活相談に来ていた。ぼくはその人としばらく話をしたが、これがぼくが初めて野宿当事者と話した経験ということになる。

その人は四十代で、飯場で働いていたが、病気のために働けなくなって野宿になった。お金が全くないので、飯場のあった京都から歩いて大阪まで帰ることになったという。途中で空腹で動けなくなると、「もしかして助けてくれるのでは」と教会に行って事情を話した。すると、教会の人がおにぎりをくれてしばらく休ませてくれた。そういうことを繰り返してやっと釜ヶ崎まで歩いて帰ってきたという。話を聞いていると、大変真面目な人で、「なんでこういう人がこんな思いをしなければならないのだろう」という憤りに近いものを感じる他なかった。

そのとき、「野宿している人は自分たちとはどこか違う人なんだろう」という思い込みがぼくにもなんとなくあった。しかし、実際会って話をしてみるとどうもちがう。その後、「出会いの家」や夜回りで何人もの野宿者と会ってみると、むしろ不器用なほど真面目な人が多いようだと気づき始めた。どっちかというと、要領よく世の中をわたっていくことができない人たちが野宿になって、社会的な援助のないまま野宿を続けているようなのだ。一言でいえば、「正直者が野宿する」という現実が目の前に広がっていた。

†「世界最悪の感染地」

事実、このころ釜ヶ崎近辺の路上には、70歳近い人、障害を持つ人、即座に入院の必要のあるケガや病気の人がゴロゴロという感じで野宿していた。その苛酷さを実感させられたのは、やはり冬の夜回りだった。

釜ヶ崎では12月25日から翌年の春までを「越冬」期といい、この時期、様々な団体によってほぼ毎日の夜回りが行なわれる。特に年末年始の2週間は寄せ場である「あいりん総合センター」の前で布団を敷いて100人以上が寝られるスペースを作り、毛布やおにぎりを持って釜ヶ崎地区内外を深夜まで回る。夜回りをすると、毛布もなしで寝ている人、雨に濡れてガタガタ震えている人、ケガをしている人などが何人もいる。その人たちに声をかけ、歩くこともできないような時には救急車を呼ぶか、リヤカーに乗せて布団敷きの場所まで運ぶ（次ページの写真）。

特にこの越冬期にはよく路上の死者に出会う。この頃、釜ヶ崎近辺では年間200〜300人が路上死していたが、それは特に冬と、仕事がなくなる梅雨期に集中した。だから、しばらく夜回りを続けているとガチガチに硬直した状態で亡くなっているような死者に出会うことは避けられなかった。

また、夜回りをしていると結核患者にもよく出くわした。一般には結核は日本では「過去の病気」とされているが、当時もいまも釜ヶ崎の「10人に1人が結核」と言われている。原因は、もちろん栄養不足や不安定な生活、つまり「貧困」である。大阪市西成保健所分室によると、バブル期の1989年でも釜ヶ崎の結核発病者は150人を越え、その発病率は全国平均の48倍、死亡率は43倍だった。釜ヶ崎の結核罹患率はカンボジアや南アフリカよりも2倍近く高く、2006年でも「世界最悪の感染地」（毎日新聞、2006年9月4日）と呼ばれている（その後、様々な対策が効果をあげ、2012年の罹患率は全国平均の28倍と改善している）。

越冬布団敷き

夜回りでは、ケガや病気で危険な状態の野宿者のために救急車を何度も呼んだ。当時の釜ヶ崎の救急搬送件数は1日平均25件（0・62平方キロメートルの釜ヶ崎だけで大阪市全体の約1割）で「救急車出動数が全国最多」の街だった。

また、釜ヶ崎では路上強盗、通称「シノギ」が多発した。飯場の帰りなどでまとまった現金を持っている労働者や身体の悪い人を計画的に狙い、殴る蹴るの果てに金品を奪うという強盗だ（「シノギ」という名前は「一時しのぎ」から来ているという。また、関東では「マグロのように寝ているところを襲う」ことから「マグロ」と呼ぶ）。夜回りをしていると、シノギに殴られて血を流して苦しんでいる人に毎日のように出くわした。「出会いの家」にも「シノギにやられ5万円をとられた。眼をなぐられたために日雇労働にもいけずお金が入ってこない」と訴える68歳の人など、被害にあった人が何人も相談に来ていた。釜ヶ崎キリスト教協友会による「越冬夜間パトロール報告」では、「（1985～86年は）シノギ屋が例年になく多く、パトロール中、ほぼ毎日、シノギ屋にやられケガをし、金をまきあげられたと沢山の労働者から訴えがありました。しかも共通していることは警察に訴えても全然相手にされないことでした」とある。

また、最初は信じられなかったが、夜回りをしていると、アパートがあるのに路上で寝ているという人が時々いた。話を聞くと、「ワシは部屋はあるんやけどな、ここには知り合いがおるからこっちの方がいいんや」と言う。その人たちの多くは、「沖縄出身グループ」「同じ現場で働いていた仕事仲間グループ」などを作って、誰かが仕事に行ったときは他の人にご飯をごちそうしたり、誰かが入院したときはその人が飼っている犬の世話をしたりと助け合いながら生活していた。アパートに入ってしまえば、確かにこうした仲間関係から一歩離れてしまうのかもしれない。これらの人たちは、アパート生活での孤独、病院の対応のひどさ、路上の仲間たちとの関係などから野宿を選択していた。「アパートに入ればいい」「とにかく入院した方がいい」と言うだけではすまない様々な問題がそこに存在しているようだった。

多くの人にとって、特に最初のうち、釜ヶ崎は行くたびにそのイメージが変わっていく街である。街中で会う様々な労働者や野宿者によって、その印象が変わってくるのだ。

†自由と混沌の街

夜の10時すぎぐらいに釜ヶ崎を歩いていると、一人の労働者がニコニコしながら「四角公園ってどこや?」と話しかけてきたことがある。釜ヶ崎の労働者で四角公園を知らない人間などいない。外見からして釜ヶ崎の人間ではないぼくを見かけて、話題を作って話しかけてきたのだろう。2人で連れ立って夜の釜ヶ崎を歩き始めた。すると、その人は「おっちゃんは今日、金があるんや! 今日はあんたにおいしいもんをおごったげる!」と言い始めた。「いいですよ～」と遠慮したが、「おっちゃんは、今日こういう現場でこういう仕事をやって(何だったか忘れた)金はあるんや。あんたはかわいい。遠慮はいらんいらん」と、ぼくを連れて釜ヶ崎からちょっと歩いたところの寿司屋に行った。

しかし、時間が遅かったため、寿司屋の職人は「すんません、シャリが切れたんでもうダメなんですわ」と言う。すると、そのおっちゃんは「なんでやー、せっかく来たんやないか、なんでワシらには寿司が出せないんやー」と怒り始めた。ぼくも職人さんも「まあまあ」となだめ続けていたが、しばらくしてその人はどうも「シャリ」の意味がわからないらしいことに気がついた。

そこで、職人さんが「ご飯、ご飯がないんです！」と言うと、その人は「ああ、ご飯か……。そりゃしゃーないわ」と言い、あっさり店を出た。しばらく歩いて、その労働者はぼくに「(シャリって言葉がわからんで) 恥ずかしい」と本当に恥ずかしそうに言うのだった。そのおっちゃんは最後まで「ごめんな、ごめんな」と言っていた。たぶんその人は、寿司屋など普段は行かなかったのだろう。そして、最初に寿司屋から「ダメ」と言われたとき怒っていたのは、「自分が土方だから断わるのか」と思ったからかもしれない。その人は何というか、天から降ってきたような優しい人だったが、そうした優しさは釜ヶ崎の労働者にたびたび感じるものだった。そしてその優しさは、世の中で下積みの苦労を重ねた人だけが時として見せるものだったのかもしれない。

言葉がわからないといえば、釜ヶ崎にはなんらかの障害を持っている人、在日一世二世の人、被差別部落出身の人、沖縄出身の人、学校にほとんど行けなかった人が相当いて、字をまったく読めない、漢字がわからないという人がかなり多かった（現在でも釜ヶ崎でまくビラには必ず「ふりがな」をふる）。また、街を歩いていると、成長ホルモン不足による低身長、胎児の時に被爆したことによる外表性の障害、様々な精神障害など何らかの障害を持つ人に会うことが明らかに多かった。

先のおっちゃんのように何かおごってくれる人は多かったが、こっちが学生とわかると、昔の釜ヶ崎の暴動や昔の仕事の様子を教えてくれる人もいっぱいいた。そうした労働者の多くは、普通の社会ではありえない遠慮のなさで話しかけてくる。釜ヶ崎では、路上で寝ている人もいれば、神様の話をしている人もいるし、上半身裸で歩いている人もいれば、裸で踊っている人、何やら叫んでいる人、ハーモニカを吹き鳴らしている人、どつきあいのケンカをしている人などなどがいた。「何でもあり」という一種の自由さ、あるいは混沌が街全体に行き渡っていた。

こういう釜ヶ崎の労働者の率直さを指して、越冬や夏祭りなどに来る歌手やアーティストが、「釜ヶ崎の人たちは心が裸」と言うことがある。それは「外見や身なりに気をつけなくては」「がんばって社会的地位を保たなくては」「他人とほどほどの距離をとらなければ」といった一般社会の様々な縛りがない人間のあり方を言っていたのかもしれない。そして、そんな「何でもあり」の中で現われる、天から降りてきたような優しさや正直さや、あるいは先の読めない感情の動きを指していたのかもしれない。釜ヶ崎の中では、そうした生々しい出会いと、路上死がそうであるような社会的矛盾が、他の場所では考えられないことだが当たり前のように混在していた。

†80年代の野宿

「出会いの家」は、釜ヶ崎の日雇労働者の問題、特に野宿問題に対応して、無料の宿泊と食事の提供、通院や入院の手続き、生活保護の申請といった活動を行なっていた。具体的には、夜回りをして、体の悪い人や高齢の人に宿泊してもらい、翌日「医療センター」で診断を受け、釜ヶ崎専門の福祉事務所「市立更生相談所」での生活相談に同行する。

1986、87年当時、どのような人々が野宿していたのだろうか。ある冬の日の夜回りでは、「ぜんそくのSさん、体全体が衰弱して眼と耳も調子が悪いNさん、天王寺で野宿していて奥さんとともに生活相談のTさん、小脳が縮まり頭がフラフラというMさん、テンカンを持っているKさん」と会い、「出会いの家」に宿泊してもらっている。翌日、全員と相談の上、「行きたくない、とか体が痛いから動けないと言ってぐずるKさんのつきそいをしつつ、全員で医療センターへ行く。診察後、病院内でそのKさんがテンカン発作を起こした。すぐに医師や看護婦の手当を受け、しばらくすると落ち着いた。全員が診察が終わったところで、渡部さんが運転する車で全員で市立更生相談所へ行く。全員が一人ずつ相談室に入っていく。話が終わるのをずっと待つが、Kさんの相談時間が一時間以上とめちゃくちゃ長い。本籍その他に問題があるようだ。しかし、それから続々とみなさんの入院が決まっていく。Kさんは戸籍照会の結果、Zさん（本名）となって入院した」（当時のメモ）。

医療センターは、「余裕ができたらお金を払います」と借用書を書けば事実上無料で診察を受けられる、日雇労働者や野宿者にとって大変ありがたい医療機関だった。だが、一方で「診察がいい加減」「医師の態度が横柄」と言われることもあった（のちにぼく自身がそれを体験する）。

別の日の夜回りでは、「足が悪くて歩くのが難しい70歳のIさん、駅の階段で滑って足を痛めた50歳のWさん、ペースメーカーが入っていて身障者手帳1級を持つ55歳のNさん、高血圧で労働が難しい68歳のIさん、飯場から追い出されて2、3週間天王寺で野宿していた21歳のMさん」と会い、泊まってもらっている。翌日、やはり医療センターへ行き、市立更生相談所で相談する。21歳のMさんについては、飯場での問題ということで、釜ヶ崎日雇労働組合に紹介した。このMさんは学生のぼくよりも若かったが、こうした二十代の野宿者にも時々出くわした（この時期、日本は「バブル期」である）。

また、同じ頃の冬の夜回りで、「左半身がなぜかマヒして死のうとしたことなどを話すTさん、パーキンソン症候群のUさん、全身あちこちが悪いMさん」と会って泊まってもらっている。翌日、同じように医療センターへ行くが、「Mさんだけで診察終了まで2時間かかってすっかり待ちくたびれる。出会いの家に帰ってみんなでカップラーメンの昼食。そこから市立更生相談所へ行く。パーキンソン症候群のUさんが相談室に入ったが、なぜかうまくしゃべれないということで、ぼくが相談室に呼ばれて相談員に病状や生活の様子を説明する。Uさんは3階にある保健所であらためて医者の診断を受ける。抑鬱症で、脳梗塞の疑いありということだ。入院決定になるが、ただし明日になると言われた。左半身がマヒした「Tさん」は二十数年来使っていた名前だが、本籍と本名がばれて「明日また来い」と市更相の職員に言われた」。

このように、釜ヶ崎では偽名で生活している人がかなり多かった。家族の関係や借金などで素性を隠す必要があって偽名を使うが、役所に行くと戸籍を照会されてたちまちばれてしまう。すると「嘘をついたから」と（罰のつもりらしく）役所は措置を先延ばしすることがよくあった。

市立更生相談所は釜ヶ崎専門の福祉事務所として、生活保護相談、生活相談、金銭貸し付けなどを行なうが、労働者を「更生」させるという高飛車な名称そのまま、労働者・野宿者への態度が一般に高圧的なことで有名だった（この結果、1992年に市立更生相談所への抗議行動として「92年暴動」が発生する）。

そもそも生活保護法は「生活に困窮するすべての国民に対し、その困窮の程度に応じ、必要な保護を行い、その最低限度の生活を保障する」としている。だが、日雇労働者や野宿者が相談に行くと、市立更生相談所は「あなたはまだ五十代だから働けるでしょう。働ける人は生活保護は支給できませんよ」あるいは「あなたには住所がないでしょう。住所がないとアパートで生活保護は受けられませんよ」と大嘘を言って追い返していた。労働者の一人がこう言っている。「市更相に相談に行くと、面接した職員は、「あなたより困っている人はいっぱいいる。あなたはまだ若い。自分でなんとかしなさい」と言うだけでした。自分なりに抗議すると、「全国でいちばん大きい寄せ場はこの釜ヶ崎だ。そこを統括する市更相に刃向かう気か！」と恫喝されました。公務員がこんなことを言うとは夢にも思っていなかったので、こうした差別発言をどうしても許すことができません」（山本恭正「違法な退院即廃止に国家賠償請求」『shelter-less』2000年秋号）。このように、仕事がなくなって野宿になっても、多くの野宿者が市更相で門前払いにあっていた。支援者が付き添い、役所に同行することでようやく生活保護などを受けることができたのだ。

こうした状況の中で、「出会いの家」での相談の結果、いろいろな病気や障害を持った人たちがなんとか野宿状態から病院やアパートへと入っていく。後で会うと、その人たちは「アパートで暮らせるなんて夢のようです」「病院に行けて助かりました」と、渡部さんに感謝し、脇にいるぼくにまでそういうことを言う。こうした活動は、やればやっただけ目に見える結果が出てくるという意味ではやりがいがあった。こうして釜ヶ崎でそういう活動にだんだん没頭し、大学3、4年の2年間は京都にいるよりも釜ヶ崎にいる時間の方が長いという生活パターンになっていた。

†街中に設置された監視カメラ

釜ヶ崎に関わっていると、周辺の人たちが「あいりんは無法地帯の街」「浮浪者の街」「近寄ったら危ない」と言っていることに気がついた。事実、ぼくもそうだったが、釜ヶ崎に来る支援者やボランティアの多くは、「あんなところに行ったら危ない」「何があるかわからないから止めておけ」と友だちや家族から忠告されていた。

1996年には、少女マンガ雑誌「別冊フレンド」（講談社）連載中のみやうち沙矢「勉強しまっせ」のセリフの「西成」に、担当編集者が「大阪の地名。気の弱い人は近づかない方が無難なトコロ」と脚注をつけた。編集者が大阪へ来たとき、通天閣や新今宮周辺の路上で寝ている人を見て「怖い」と感じたためだという。そのマンガを西成区の鶴見橋中学の中学生たちが読み、「自分の住んでいる、自分の好きな西成がなんでこんなふうに描かれなあかんねん」「日本全国でこの本が売られている。読んだ人はみんな、西成とかかわったらあかんと思うで」と先生に訴えた。中学校、PTA、地域から抗議が出され、その結果、講談社の担当者、さらに作者みやうち沙矢が鶴見橋中学校に来て生徒と話し合いを持つということがあった。

西成区はかなり広い行政区で、一部には帝塚山と隣接する高級住宅街のような場所さえある。だから、「恐い」「危ない」といわれる「西成」が、実際には釜ヶ崎を指していることは間違いない。ここでは、野宿者だけでなく「日雇労働者」に対する蔑視や偏見が明らかに働いている。

日雇労働とは「日々雇用・日々解雇」される非正規雇用・不安定就労の極限だが、「長期雇用」「正規雇用」ではないというそれだけの理由で（現在フリーターがそうであるように）不当な蔑視を受け続けていた。さらに、日雇労働が建築・土木作業というブルーカラーに集中していたため、「勉強ができない人がやる汚れ仕事」「誰でもできる仕事」という間違った認識を受けたのである。

1988年には、釜ヶ崎から2キロほど離れた西成区南津守で日雇労働者の飯場建設への反対運動が起こった。住民と行政が協力し住民決起集会が行なわれ、次のようなビラが町に張り出された。「南津守に第二の釜ヶ崎はいらない。労務者寄宿舎800人分は南津守に作るな。労務者の喧嘩や立小便するわ《ママ》、環境悪化のもとなり」「朝夕、労務者運搬マイクロバスなど、第二の釜ヶ崎になる。子供の通学、就職、結婚に響く」。この運動の結果、宿舎建設は中止になった。

2015年の大阪都構想・住民投票の前には、「5・17大阪維新の会」名による「都構想で住所から「西成」をなくせます。西成のマイナスイメージを消して、住みよい便利な街として人を呼び込む「中央区岸里」などの地名になって、イメージチェンジを！　都構想なら、できます！　橋下市長があいりん地区をきれいな町にしました」という内容のチラシが西成区内で配布された。この内容については、「まるでいじめ」「西成の地名よりも維新の会の差別意識を無くすのが先だ」という批判が相次いだ。

釜ヶ崎差別のひとつの象徴は、1966年11月から設置が始められた、街中を監視する当時14台にのぼる「監視カメラ」だった。路上という公共の場を監視するこのようなカメラ設置は釜ヶ崎が日本初のようだ。この監視カメラは、近所で流血さわぎの喧嘩があっても放置している一方で、夜回りの参加者が現われるとその動きを追い続ける。また、越冬中に布団敷きをすると、監視カメラは他の方向は無視して警備をしている越冬メンバーの様子をいつまでも監視し続ける（2014年頃から街灯型のカメラに切り替えられ、どこを向いているのかわからなくなっている）。その目的が「防犯」でなく労働者や支援者に対する「監視」の方にあることは明白だった。

†ヤミの「金融屋」「覚醒剤売買」

一方、釜ヶ崎（あいりん地区）には暴力団が20団体以上あり、八百余人の暴力団員がいて（これも日本最高の人口密度であるらしい）、私設馬券などを扱う「ノミ屋」や街頭バクチの他、ヤミ手配や金融屋、覚醒剤売買などをしていた。雇用保険手帳を担保にした「手帳金融」は、なにしろ「日雇手帳でお金をお貸しいたします」と書いた看板が街中あちこちに置かれているのでみんな知っていた。そのシステムは、日雇雇用保険の手帳だけで（抵当も保証人も印鑑もなく）数万円を借りることができる。そして、元金も利息も返さなくていい。その代わり、「つけうま料」として日雇雇用保険（失業保険）をもらうたびに、半永久的に1回1200円、月にして1万5000円強を払い続けなければならない。事実、雇用保険を受けとる「あいりん職業安定所」には、つけうま料を徴収する「金融屋」がいつも何人も張りついて労働者を監視していた。

賭博行為は大規模に行なわれていて、2010年には、隣接するマンション3棟をつないで1フロアにした約600平方メートルの巨大ヤミ券売場、通称「ドーム」が摘発された。「ドーム」内部には、全国のレースなどをモニターするテレビ約100

台が並び、競馬や競輪のヤミ券を販売し、月1億5000万円以上を売り上げていたという。ドームには、朝からおにぎりとみそ汁、昼はカレーライスや親子丼などを出す「まかない」がいて人寄せをしていた。300人規模の府警が家宅捜索を開始したが、胴元側が抵抗して立てこもったため、捜査一課特殊班「MAT」が鉄の扉を爆破してドーム内に突入した。その時、釜ヶ崎中に大音響が響き渡ったそうだ。

また、覚醒剤売買については、釜ヶ崎は現在も「覚醒剤の西日本の中心」と言われている。2004年には、釜ヶ崎の屋台など3カ所で覚醒剤を売っていた暴力団幹部ら22人が逮捕されたが、その売上げは1年7カ月で10億円、屋台は1日で160万円程度の売上げがあったという（朝日新聞、2004年7月28日）。2010年代にも毎年、密売人が50人前後（あいりん地区内）検挙されているが、検挙された客の中には福島県や沖縄県からはるばる来ていた者もいた。実際、釜ヶ崎のなかを歩くと売人の若者が「あるよ、あるよ」「安いよ」と声をかけてくるのが日常の光景になっていた（2010年代からは、路上販売での摘発を警戒し、指定した場所に車や自転車で覚醒剤を搬送するデリバリー方式が増えている）。多数の監視カメラがあっても、違法賭博やこうした覚醒剤売買が根絶されたという話は今のところ聞かない。

この監視カメラはプライバシーの侵害にあたるとして、釜ヶ崎地域合同労働組合の稲垣浩委員長らが撤去の訴えを起こした。その結果、1994年に大阪地裁は「監視区域に入ったものを無差別に監視することになるから、プライバシーの利益や結社の自由を侵害する可能性があることは否定できない」と判断し、組合事務所（釜ヶ崎解放会館）を監視し続けた監視カメラ1台が撤去された。

しかし、よく知られているように、その後全国各地でこうした路上のカメラが急増し、「監視区域に入ったものを無差別に監視する」ようになった。その意味では、いわば日本全国が「釜ヶ崎化」したのである。

†日雇労働とはどのようなものなのか

釜ヶ崎は「日雇労働者の街」であり、「日雇労働」を抜きにして語ることはできない。では、日雇労働とはどのような労働形態なのだろうか？

釜ヶ崎労働者の多くは夜明け前から「寄せ場」である「あいりん総合センター」に仕事を求めて集まってくる。あいりん総合センターには「あいりん労働公共職業安定所」がある。ここは「職業安定所」だが、実際には雇用保険を支給するだけの存在で、求人活動は全く行なっていない。求人活動をするのは、労働者派遣供給業者である「手配師」である。

手配師は、寄せ場で集めた労働者を現場に連れて行き、支払われる賃金の1割程度を紹介料として取ることで利益を得る。そうした手配を行なう手配業者のマイクロバスがセンター周辺には毎日100台あまり集まってくる。車のフロントガラスには、「10000円・8時〜5時・枚方市・一般土工」「14000円・8時〜5時・京都市・鉄筋工」といった求人カードが貼られている（金額は2007年の相場。2015年はこの8〜9割程度に下落）。労働者はこうした求人カードを見て手配師と交渉する。話が決まると、車に乗り込み事務所（多くの場合、飯場でもある）に向かい、そこから労働者は各現場へと振り分けられる。そして、現場で1日仕事をし、夕方に賃金をもらって契約終了となる。基本的に、日雇労働者はこのサイクルを繰り返す。明日仕事があるかどうかは、仕事を探しに行ってみないとわからない。その意味で、日雇労働は不安定就労・非正規雇用の極限形態である。

このような1日限りの仕事を「現金」というが、飯場に入って長期間働く形態を「契約」という。「契約」の求人カードは、「賃金10000円・飯代2800円・10

日・土工・奈良」などとある（この場合1日の賃金は10000円だが、そこから宿泊代・飯代として2800円引かれるという意味）。労働者によっては「現金」はあまり行かず「契約」ばかり行く人もいる。その場合、アパートを借りて部屋代を二重払いするより、釜ヶ崎に帰ったときだけドヤ（簡易宿泊所）に泊まる方が安上がりだ。それが、釜ヶ崎が簡易宿泊所の並ぶ「ドヤ街」となった理由の一つである。

†景気の安全弁

よく知られているように、戦後に制定された職安法は、仕事をあっせんする代わりに賃金をピンハネするこのような労働者供給事業を、中間搾取や強制労働の恐れのある制度、とりわけ封建的な身分関係を前提とする制度として全面禁止した。その後、1986年に13の専門的業務について派遣を認める「労働者派遣法」が施行され、さらに1999年の派遣法改正によって労働者派遣は原則自由化される。だが、実は当時も今も建設業の労働者派遣は認められていない。もちろん釜ヶ崎の労働者手配も禁止対象である。だが、厚生労働省自ら、この違法な求人活動を「相対《あいたい》方式」と呼んで黙認し続けていた。

手配業者の登録は、大阪府労働部の外郭団体「西成労働福祉センター」が行なう。だが、釜ヶ崎に来る手配業者のうち約4割近くは、そこにも登録していない「ヤミ手配師」といわれていた。

ではなぜこのような「日雇い」という労働形態があるのだろうか。建設土木の現場では使う労働量が日々変動する。天気がいいと仕事があるが、雨が降ると屋外の現場の多くがストップする。また、空港建設などの大きなプロジェクトがあると仕事量が急増するが、それが終わると労働者は必要なくなる。建設土木産業は、こうした労働者数の増減を調整するため、日雇労働者を使うシステムを作り上げた。

つまり、仕事の多い日には日雇労働者を「寄せ場」で集めて働かせる。そして、仕事が減ると手配の車を減らして日雇労働者を「切る」。建設土木の現場では、「土方殺すにゃ刃物はいらぬ。雨の3日も降ればよい」という誰もが知っているセリフがあるが、雨の続く梅雨の時期に、仕事がなくなった労働者が続々と野宿になって路上死が増加していくのは、釜ヶ崎では毎年見られる風景だった。

もっと大きなスパンでみると、景気循環の問題がある。好景気で建設土木の仕事の多いときには、センターに手配の車が押し寄せ、労働者は仕事を選び放題という状態になる。しかし、景気が後退して仕事が減ると、センターには手配の車が激減し、いくら仕事を探しても見つからない「アブレ地獄」が続く。こうして、日雇労働者は好景気では目一杯使われ、不景気時には一気に就労から切り捨てられるという「労働力の調整弁」「景気の安全弁」として使われ続けた。

仕事がない日が数週間も続けば、ただちに生きるか死ぬかの問題になる。日雇労働者は、雇用先の建設土木会社から（正規雇用労働者であれば保障される）健康保険、社会保険、年金、健康診断などの保障はほとんどされていない。そもそも、日雇労働者は危険、汚い、きついという「3K労働」のなかで、労災もみ消し、賃金未払い、飯場での暴力、労働条件の約束違反といった問題に常に直面していた。

たとえば、西成労働福祉センターによれば1985年度の「賃金未払い・条件違反」の相談は、新規・継続合わせて「1万5754件」である（当時の釜ヶ崎の日雇労働者の数は2万人強である！）。「賃金がもらえない」「最初の話とちがう」という例がメチャクチャに多かったことがわかる。もちろん、相談には行かず「泣き寝入り」になったケースはその数倍もあったはずだ。

飯場での労働者への暴力も頻発した。1987年2月には、西宮市の土建会社「加藤組」経営者ら3人が、釜ヶ崎の56歳の労働者が無断で仕事を休んだことに腹を立て、同社の飯場に連れて行き、殴る蹴るの暴行を加えて殺害した。釜ヶ崎日雇労働組合（山田実委員長）によると、「加藤組は、多くの仲間も知っているように有名なケタオチ暴力飯場で、アオカン（野宿）している仲間を無理矢理車に押しこみ飯場へ連れていき強制労働させたり、飯場内で木刀を振回すなど数々の悪業を重ねて来た。昨年の7月にもセンターで仲間に暴力を振い大衆団交で土下座し謝罪した。しかし、反省するどころか今度は殺人まで犯したのだ！」（「釜ヶ崎解放」1987年5月13日。なお、この「加藤組」は現在も名前を変えて釜ヶ崎で労働者手配を続けている）。

この種の日雇労働者への暴力は現在も後を絶たない。2003年には、山梨県の「朝日建設」で、釜ヶ崎で路上手配された労働者ら3人が、社長たち幹部から木刀の制裁、さらに殴る蹴るのリンチを受け、ガムテープで体をグルグル巻きに拘束されてキャンプ場で絞殺され、遺体を土中に埋められる事件が発覚した。朝日建設は日当8000円だが、朝日建設が地元で経営する居酒屋や関係のある飲食店に月に何度か連れ出され、明細を渡されないまま後から多額の料金を賃金から引かれ、精算がマイナスになることもあったという。社長は労働者の保険金まで横領した上、自分は豪邸に住んで高級外車を何度も買い換えていた。

そもそも、釜ヶ崎の労働者手配の多くにはヤクザが絡んでいた。釜ヶ崎で日雇労働を続けてきた水野阿修羅はこう言っている。「釜ヶ崎も20年前（1968年）は、完全に暴力団の支配下だった。（…）主にトラックで、ヤクザが乗り付けてきて求人するのが1970年10月までの釜ヶ崎の求人状態でした」。「1970年にあいりん総合センターができたということで、当時の労働組合の全港湾西成分会がそれをきっかけに積極的に動きだしたのです。まず、ビラをまいた。ボクもまきました。ビラをまくこと自体がヤクザの気にさわるのか片っぱしからなぐられた」（「アジアからの労働者と釜ヶ崎」『釜ヶ崎の風』所収）。

その頃、「鈴木組」というヤクザの若頭が経営していた手配業者の労働条件違反に抗議し、橋野さんという労働者が仕事を拒否して帰った。すると、後日「鈴木組の組員に見つかって、飯場に連れて行かれた。飯場というてもヤクザの事務所やけれど、連れて行かれてヤキ入れられるわけです。そして逃げ帰ってきた」「その話を聞いた仲間が、何とかせなあかんと、抗議のビラまきしようやということで、ビラまきしていた。ところが、当時はいまと違ってほとんどの手配の車に木刀をつんでいました。

木刀もって殴りかかってこられるわけですね。そらあ皆逃げるわな、素手で行ってんだから。でも、はじめはケチらかされるんだけれども、それを見ていた仲間がビンなんかを放ったりしだして、それで逆転しだして鈴木組の社長をつかまえて土下座させた。車もひっくり返して火をつけて、確か2、3日暴動状態になりました。それでも大量の逮捕者が出ました。これをきっかけとして何とかせなあかんなということで、1972年の4月に暴力手配師追放釜ヶ崎共闘会議という組織を作りました」（藤井利明・釜ヶ崎講座第4回「釜ヶ崎をおおいに語る」より一部改変）。

その後、釜共闘の若者たちの何人かが「釜ヶ崎日雇労働組合」を結成して日雇労働運動を継続する。その結果、日雇労働者の労働条件や暴力行為はかなり改善されてきたが、依然として右のような様々な事件は起こり続けている。

こうした賃金未払い、労災の不払い、そして正規雇用の労働者ならクリアできる程度のケガや病気などによって、日雇労働者は仕事を失い、住むところを失い、野宿へ追いやられていた。90年代前半まで、日本のほぼすべての野宿者が日雇労働者だったのはこのためである。

一言でいえば、不安定就労の労働者が景気変動や労働条件の影響を真っ先に受け、最悪の場合には野宿になるというパターンが釜ヶ崎では常態化していた。つまり、釜ヶ崎をはじめとする寄せ場は、今まさに問題となっている「不安定雇用と労働者派遣」のはらむ諸問題を長年にわたって示してきた場所なのである。

†プロフェッショナルな日雇労働者

釜ヶ崎に通い始めて3カ月たった7月、ぼくは釜ヶ崎キリスト教協友会主催の「労働セミナー」に参加した。このセミナーでは、講義や各施設での手伝いの他、参加者男性は実際に寄せ場から日雇労働に出る。ぼくはそこで、日雇労働を初めて体験した。セミナー2日目、参加者はあいりん総合センターに朝5時前に行って仕事をさがす。見た目に若いぼくは手配師に声をかけられて車に乗り、確か高槻市の小学校の現場に行くことができた。

初めての日雇労働は、校舎の2階、3階にある解体材料を担いで階段を使って校舎横までひたすら運ぶというものだ。単純作業だが、真夏に重い材料を抱えて階段を上り下りするのは重労働で、始めて10分でたちまち汗だくになった。10時と3時の休憩、そして昼休みを挟みながら、8時間ひたすら材料を抱えて階段を上り下りした。

ぼくは、フィールド競技の多くで小学校から高校まで学年のだいたい3位以内に入っていたので、体力面は割合自信を持っていた。しかし、一緒に仕事をしていると、周囲の日雇労働者がおそろしい力持ちということに気がついた。材料を延々と運び続ける作業にしろ、一気に重い荷物を担ぎ上げる瞬発的な作業にしろ、まわりの労働者はぼくが及びもつかないような力を見せていた。要するに、現場ではぼくなどただの「ひ弱な若者」でしかないのだった。

仕事が終わると、暑さと疲労で完全にバテていた。大阪は、8月の平均気温が那覇よりも高い「日本一暑い都市」として知られる。夏の日雇労働は文字通り「体力の限界に挑戦！」だった。

そうして数日幾つかの仕事に行くと、釜ヶ崎の「酒盛りしては道路で寝ころんでいる」という雰囲気とはまるで違って、多くの日雇労働者が現場ではほとんどクソ真面目な働き者ということに気がつき始めた。普通思われているのとは違って、日雇労働者の多くは現場で手を抜くということを知らず、「そこまでしなくてもいいのに」と思うところまで汗水たらして働いていた。仕事が始まるまではニコニコ話しかけてくれるが、仕事を始めると雰囲気まで変わり、「今日は暑くてしんどいですねー」と言っても「仕事に来て、暑いの何のって言ってもしゃーないで」などと返される。要するに、日雇労働者の多くは、長年の労働を通して様々な現場で通用するプロフェッショナルとして鍛えられていたのだ（もちろん、現場でいかに要領よく仕事をこなすかに専念するタイプの人もいた。釜ヶ崎だけで2、3万の労働者がいたのだから、それをひとつのタイプでまとめるのは不可能だ）。

こうして仕事を終わって釜ヶ崎を歩いていると、街がそれまでとはすっかり違って見えてきた。路上や公園で寝っころがっている人たちの多くも、現場に出ると「真面目に働くのが当たり前」「働いてなんぼのもんだ」という感じで働いている。路上でゴロゴロ寝ているのは、いわば会社でバリバリ仕事する人が家に帰るとゴロ寝しているのと同じことなのかもしれなかった。今まで自分が知っていると思っていた釜ヶ崎には、苛酷な労働をはじめとする別の姿があるようだった。

そうすると、支援活動をして野宿者から「ありがとう」「うれしいです」と感謝されている自分は何なのかとも思えてきた。当たり前だが、親の金で生活しているような学生が、苦労を重ねた労働者に感謝される立場であるわけがない。こうして、釜ヶ崎に関わる自分のことがとんでもなく嘘くさく見えてきた。これは、釜ヶ崎に関わる者の多くがある時点で通過する経験だったのかもしれない。しかし、それはこのとき「体」に来た。街を歩いているだけで圧迫感に苛まれて、病気になったように体が思うように動かなくなってきた。固形物が喉を通らなくなり、やがて精神的なプレッシャーで全く眠れなくなっていた。

それでも無理やりセンターで仕事を探して現場に出ていると、とうとう4日目に全く動けなくなった。いわゆる「眼が回る」状態だ。まったくどうにもならないので、一緒に来た労働者に「体の調子が悪いので帰らせて下さい」と申し出ると、その人はあきれたという風に「なんや、若いのに使えんやっちゃのう」と言って、こちらは体が縮んだ（仕事前には「これからはあんたたち若いもんの時代だから」と言っていた人なのだが）。だが、その人は現場の責任者にかけあって2000円ほどもらって、「一応、仕事したんだからその分はもらっとけ」と言って渡してくれた。

この時、これ以上は体が持たないという限界を感じた。そこで病院に行って事情を話し、睡眠薬をもらって飲んだ。飲んだことのない睡眠薬は効いて、やっとしばらく眠ることができた。

目が覚めてから、釜ヶ崎に関わろうとするなら日雇労働者の生活を自分もやってみるべきだと考えていた。外からのボランティアという形ではなくて、自分も労働者と一緒に働いて生活費を稼ぎ、ドヤに泊まる生活をしてみよう。どこまで釜ヶ崎の人たちの苦労や立場に近づけるか、できるだけやってみよう。自分の場合、その他に道筋はないと思えていた。

セミナーが終わったあと、8月の1カ月間、ぼくはドヤで泊まりながら日雇労働だけの収入で暮らす生活を始める。そして、それからの2年間、ぼくは夏休み、春休みは日雇労働をして生活し、日雇労働以外の時間は夜回りや「出会いの家」などの活動をする生活を送ることになる。

†ドヤ街の生活

1986年当時、釜ヶ崎は0・62平方キロメートルに200軒あまりのドヤが立ち並ぶ「ドヤ街」だった。しかしこの時期、昔ながらの木造の木賃宿は次々に鉄骨コンクリートの「高層ドヤ」へ改築され、1泊500円前後の宿泊代が1500円前後へ一気に急騰しつつあった。1泊1500円ということは、ひと月の部屋代が4万5000円ということになる。この「家賃高騰」によって、ドヤ代を払えない労働者がやがて続々と野宿を強いられることになる。

釜ヶ崎のドヤの質は多種多様だが、特に昔ながらのドヤには消防用設備がまともに作られていない違法建築が多く、常々「火事が起こるとアンコ（日雇労働者のこと。鮟鱇が口を開けてエサを待つように、仕事が出るのを待っていることから）が死ぬ」と言われていた。一つの原因は、多くのドヤの窓に鉄柵や金網が張られていたため、火事になっても外に逃げられなかったからだ（次ページ写真上）。たとえば、ドヤ「共楽」は、大阪市消防局からの17回の改善命令を無視し続けた結果、1982年に日本で初めて「危険な宿泊施設に対する強制捜査」を受けた。「共楽」は客の避難誘導方法などの消防計画の作成をしておらず、屋内消火栓、自動火災報知器、避難階段も設置していなかった。天井の高さも基準以下で、おまけに保健所の営業許可のない「もぐり」宿泊所だった。建築確認申請には「4階建て」としながら実際には7層構造。しかし、こうした構造のドヤはかなり多く、釜ヶ崎の多くの労働者は高さ1・5メートル程度の頭がつかえるような不法建築の部屋で生活していた（写真下）。

1986年夏、ぼくは当時宿泊代500円の「白山荘」に泊まり始めた。「共楽」と同じく1階分を高くとって部屋を上下2層に分けた作りだ。天井の高さは1・5メ

多くのドヤの窓には鉄柵が張られていた

ドヤの室内の様子。天井の高さは1.5mほど

ートルぐらいで、部屋の広さは大体1.5畳。布団を敷いたらほぼ終わり。もちろん、人を呼んで話すようなスペースなどはない。布団も、前日の人が使ったものがそのままのことが多く、同じ部屋を取り続けられればいいが、部屋を変わると体臭や足の匂いの強い布団に時々あたって、なかなか眠れないのだった。

ドヤには日払いで代金を払い、朝5時前に起きてセンターに仕事を探しに行く。あらかじめ覚悟していたように真夏の日雇労働は連日死ぬ思いだった。だが、現実には、最も辛いと感じたのはこのドヤでの生活そのものだ。畳1枚半のドヤは寝るだけの機能しかないので、まったく気持ちが安らがないからだ。壁を見ても、「死にたい」「もうダメ」、あるいは「お父さんを許して下さい。わが子たちに顔を出すことも、父である情けも忘れています」みたいな落書きがあって、ますます気分が落ちこんでいく。居場所としての「自分の部屋」が人間には必要だと痛感した。そして、毎日寝場所を探して歩く野宿者は精神的に本当に大変ではないだろうかとあらためて考えた。

†日雇労働者としての生活

1988年に大学を卒業し、仕事が少ないアブレ期の間「出会いの家」の手伝いをしたあと、8月から日雇労働者として釜ヶ崎で生活を始めた。当然、日雇労働以外の収入はない。自分の将来についてはあまり考えていなかったと思う。

本格的に始めた日雇労働について触れる。これは1989年12月の仕事の記録である。

2日　枚方市　ブロックを駐車場のすみに積んでかためる。
4日　吹田市　基礎の石ならし、砕石ならし。
6日　吹田市　巨大なハサミ状の器具で、垂直に埋まった管の中の土を取る。筋肉痛になる。
7日　泉大津市　倉庫の3階のローリング足場の解体。
9日　東成区　建築事務所の3階4階のバラシ、降ろし。
11日　枚方市　石積み、型枠バラシなど。超ハード。
13日　東大阪市　基礎に単管を組む作業の手元（助手）。
16日　神戸市　鋼管、ガラの整理。掃除。生コン打ち。
18日　谷町9丁目　せまいマンション現場の生コン打ちなど。

このように、日雇労働は日々働く現場がちがう。また、仕事の内容も日々違う。当日、現場に着いてみないとわからないのだ。

日雇労働を始めた当初は、そもそも言葉がわからないので困った。たとえば、鉄骨クランプ、ビデ、アンチ、すじかい、しのう、自在、直交、矢板、もっこ、スラブ、サンダー、ハッカー、玉掛け、レーキ、さん木、バチ、ネコ、モンキー、知らないとお話にならないこうした言葉が最初は全然わからない。人が持って行くのを見て、たとえば「あれがアンチか」「ネコって一輪車のことか」と学習していく。

夏の暑さには少し触れたが、本当に暑いのは真夏のアスファルト舗装工事だった。道路に下地を作った上に敷いていくあのアスファルト合材の温度は、実は150度を越える。沸騰した水より熱いアスファルトをスコップで道路に撒き続ける。当然、撒いたアスファルトの上も歩くので、真夏の熱射とアスファルト合材の熱、それと仕事で体を動かす暑さで文字通りの灼熱地獄になる。初めて舗装工事に出たとき、はいていた長靴が熱でだんだん溶けてきたのに気がついた。帰って足を見てみると水ぶくれだらけになっていて、それから数日は痛くて仕事どころではなかった。こうして、舗装工事の時は安全靴か頑丈な運動靴を用意しないといけないのだと気がついた。

真冬の烈風が吹き荒れるなか、一日中「水まき」の仕事をやったこともある。ユンボ（油圧式ショベルカー）で鉄筋コンクリートの建物を解体する間、破砕されたコンクリートの粉塵が周囲に飛ばないようにホースでひたすら水を当てる。腕以外は体をまったく動かさない仕事で、風の向きによっては氷（のような）水が体にバサバサかかる。仕事用の薄着だけで、1時間もしないうちに体の芯まで冷えきって、本気で「このままでは死ぬ」と思った。この手の寒い仕事はときどきあって、体の調子が翌日までおかしくなるのだった。

港のそばの鉄塔の上の仕事にも行った。高さが100メートルぐらいある塔をハシゴだけで登って頂上で作業する。落ちたら百パーセント死ぬが、このときその現場の人から「人間は両手両足で4つの支点がある。そのうち3つが固定していれば絶対に落ちない。だから同時に2つを動かすな」という「三点確保」を教わった。この教えはのちのち、銭湯の煙突の上などいろんな現場で役立った。

引っ越しの仕事にも時々行った。「まごころこめてのおつきあい」のコマーシャルで知られる「引っ越しのサカイ」は、特に3月4月の引っ越しの多い時期、釜ヶ崎まで車を乗りつけて日雇労働者を集めていた。それはいいのだが、ぼくたち労働者5、6人は労働センター近くでワゴン車の荷台にぎゅうぎゅうに詰め込まれ、そのままサカイ本社まで連れていかれる。明らかに道路交通法違反で西成労働福祉センターから何度も警告されたが、サカイはそれをまごころこめて無視し、そのやり方を続けていたらしい。

現場の場所は、近場《ちかば》の時もあれば、電車を乗り継いで2時間以上かかるような場所のときもある。ある朝センターで交渉したとき、手配師は確かに「現場は大阪市内やで」と言った。「近い現場だから早く帰れるな」と思って車に乗って、いつものようにそのまま眠り込んだ。そして、現場に着いて車から出て外を見てみると、向こうに大阪の海とは何かちがう海が見える。「あれはどこの海ですか」と現場監督に聞くと、「瀬戸内海だよ」と言うのだった。大阪市内どころか、瀬戸内海が目の前に見える兵庫県高砂市まで連れてこられていたのだ。

†多種多様な現場と労働者

日雇労働に行き始めた最初のうちは、いろいろな手配師のところから仕事をしていたが、次第にひとつのところから仕事に行くようになった。あちこち回るより、一定の手配で行く方が仕事の内容も見当がつくし、センターに出る時間も比較的遅くてすむからだ。ぼくは、大阪市大正区の大手の「神農組」によく行くようになった。そこですっかり常連になったので、何人かの労働者と組んで現場に行くとき、手配師から賃金と交通費を預かって仕事が終わるとみんなに渡すという、いわゆる「現場のボーシン」をやっていたほどだ。

ぼくは労働者の中では飛び抜けて若いので、「何歳?」「どこの出身?」とよく聞かれた。そして、よく「あんたはまだ若いんだから、こういうとこに長いことおったらあかんで」と忠告（説教）された。「日雇」というのはペケで「正社員」であることが「まっとうな」働き方だ、という意識はこの世代の日雇労働者の中に非常に強かったと思う。

現場にはいろんな人と組んで行くが、労働者には話し好きな人が多く、仕事の合間の休憩時間はたいていみんなで話をして時間を過ごしていた（その半面、コミュニケーション能力が明らかに欠けている人も多かったが）。一緒に仕事に行った人の中には、日雇労働でお金を貯めてはインドやアメリカなどいろんな国に海外旅行に行っているという人もいた。クラシックが好き、特にベートーヴェンの「英雄」が大好きという人で、仕事の行き帰り、ショパンやバッハの話で盛りあがった。多分その人だと思うが、西成労働福祉センター発行の「センターだより」（1983年8月号・9月号）に登場してこう話している。「アメリカに4回、メキシコに1回、オーストラリアにこの春1回、この3年間のうちに行ってきたでェ」「飯場に、そやなァ、長くて6カ月、じ〜っとがまんしてつとめれば、50万〜60万円でけるねん」「近頃は片道切符だけ買うて、ひとりでブラブラ1カ月くらいでかけとるわ」。

日雇労働者の間では、親しくもないのに「過去」を尋ねるのはタブーである。多くの人たちが、なんらかのトラブルや苦労を抱えて釜ヶ崎に来ているからだ（ある意味では、寄せ場は「最後の受け皿」で、ある程度以上の年齢の人はよく「いざとなったら、無一文で日雇の土方からやり直せばいい」などという）。ただ、生活保護の申請などいくつかの場面で聞き取りをすると、日雇労働者には「学歴は中学卒、地方の農家出身の次男・三男」の場合が非常に多かった。このことは、日雇労働者に「集団就職層」が多いことを意味する。

たとえば、文字を読むために夜間中学に通っているという60歳前の労働者と仕事で一緒になったことがある。水がたまった現場で「すごい水ですねー」と言うと、「そうや、夕べ学校からの帰り、すごい雨だったもんな」と言う。しばらく話の意味を考えてから「学校に行ってるんですか？」と聞くと、「夜間中学に通ってる」とその人は言った。話を聞くと、釜ヶ崎から30分かけて天王寺夜間中学校に毎日通っているという。その人は、少年時代に両親がいないので施設で暮らし、その間、学校にろくに行けなかった。十代からパン職人をはじめいろんな仕事をしていたが、「自分の名前もろくに書けない」「駅に行っても行き先が読めない」ために屈辱的な思いをだいぶしたという。五十代後半になってなんとかしようと決心して、1年前から学校に行き始めたということだった。

すごく興味があったので、その人に頼んで一緒に夜間中学に行って、隣のいすで授業を受けさせてもらった。天王寺夜間中学は、当時（2001年）生徒数500人。その人のクラスは在日朝鮮・韓国の人が半分ぐらいで、かなり障害のある人も電動車いすで来ていた。「国語」の時間では、二十代ぐらいの先生による「文を読む」という授業で、比較的簡単な長文を何度も先生のあとについて読んで内容を確認する（たとえば、「南の国」は「みなみのくに」と読みます、これが「南国」と書くと「みなみくに」と読まずに「なんごく」と読みます、というように）。ぼくが一緒に行ったその人は、「おれは、国語と数学と英語だけでいいんだよ。でも、美術とか家庭科とか全部あるんだよ」と言っていた。

先にも触れたが、釜ヶ崎には、在日朝鮮・韓国人、沖縄出身の人、被差別部落出身の人、なんらかの障害を持った人、字の読めない人などが多数、日雇労働者として働き、あるいは野宿者として生活していた。釜ヶ崎では、体さえ動けば学歴も国籍も、それどころか本名さえ関係なく仕事ができ、生活ができるのだ。それは、ある意味では日本社会の中で非常に貴重なものだったのかもしれない。

†賃金のピンハネ、労働争議

日雇労働者として生活を始めて以降、ぼくは釜ヶ崎日雇労働組合、釜ヶ崎医療連絡会議、山王こどもセンターなどに活動の比重を移すようになった。相変わらず、夜回りをして翌日相談という活動の他、労働運動や夏祭り、医療相談や医療ミス裁判などの活動を始めることになった。

釜ヶ崎に幾つかある労働組合の中で、当時は「釜ヶ崎日雇労働組合」が運動の主軸を担っていたといっていいだろう。釜日労は、センターでの手配師に対する春闘、メーデー、夏祭り、越冬、労働災害・賃金未払いなどの労働相談、暴力飯場に対する争議などを行なっていた。釜ヶ崎日雇労働組合の実働メンバーは、当時20人程度だっただろう。釜ヶ崎の3万人近い日雇労働者を考えれば、組織率は恐ろしく低かった（ほくも組合員ではなかった）。しかし、賃上げ闘争や争議、夏祭りや越冬になると、多数の労働者が入れ替わり立ち替わり集まって闘争に参加し、200~300もの手配業者が抵抗できない力関係が成立していた。

労働者をどつき回したり、賃金未払いをした暴力飯場に対する争議にも時々参加した。早朝からセンターで労働者に呼びかけをして、満員になったバスで飯場に押しかける。飯場の事務所を全員で一気に制圧したあと、飯場の社長や番頭を出させて、事実確認と団交を行なう。参加した労働者の多くは、その飯場や別の飯場で酷い目に遭っている人ばかりなので、やりとりの間も「いい加減にせーや」「ウソばっかり言うな!」とテンションがあがる。謝罪と本人への慰謝料、未払い賃金を出させるまで、暗くなるまで団交を続ける。労働者に暴力をふるった飯場の番頭がその労働者に土下座して謝罪する場面も見た。

実際に、自分が日雇労働に行き続けると、「残業代が足りない」「休憩がない」「朝飯・弁当がない(春闘では朝飯・弁当が要求されていた)」「ドロドロに汚れる仕事をやらされる」「現場での追いまわし(仕事を急がされる)がきつい」「電車で帰るのに交通費をくれない」といった現場が多く閉口させられた。たとえば、残業代は「1時間で1000円」が多かった。1日の労働単価は1万円ぐらいだから、1000円だとそれを8時間で割ったより低く完璧におかしい（法的には残業手当は2割5分増し）。差額はもちろんピンハネとなる。センターで仕事をさがすと、だいたい3回に1回はこの手の問題に出くわした。交通費も、「なし」だとバスや電車の代金がすべて自分持ちになる。遠い現場だと二〇〇〇円以上消えて実質的賃下げになるが、これが結構多かった。「朝飯・弁当」も、つかない場合は当然、自分持ちになる（「日の丸弁当」に一品つく程度なので、「こんなモンで力が出るか！」と自前で外食する労働者も多かったが）。

また、日雇労働者は、ユンボの運転手などその現場で毎日働く職人の手元（助手）をすることが多い。親切な人も多いが、その職人たちから犬や馬みたいに扱われることが多かった。「これを持ってこいや！」「そんなこともわからんのかコラ！」「さっさと帰れオリャー」とか、そういう言葉で怒鳴られるのは現場では珍しくもなんともなかった。腹は立つが、言い返してケンカになると仕事（お金）にならないので、血の気の多い人以外は無表情で我慢してひたすら仕事を続ける。ただ、あまりに態度のひどい職人が時々いて、「おととい、ここに来たアンコ8人が全員打ち合わせて現場から逃げ出した」とか、「腹に据えかねた労働者がスコップであのユンボの運転手に襲いかかった」という話も時々聞いた。

しかし、より大きな問題はやはり「仕事そのものの危険さ」にあった。

†日雇労働の「危ない」話

日雇労働に関する「危ない」話は何度も聞いた。

現場で死亡事故などが起こった時、日雇労働者が死んでいるケースはかなり多い。1990年1月、西成区南津守で建設中のマンション「カイザ南津守」のベランダが崩壊し、作業員3人が死亡、1人が重傷を負ったが、死亡したうち少なくとも2人は釜ヶ崎の労働者だった（死亡したもう1人は身元不明、重傷者は沖縄出身の16歳の少年左官）。事故原因は、マンション本体の鉄柱とベランダを支える鉄骨の溶接を安価で耐久力が不十分な工法で行なった「手抜き」によるものだった（施工業者・元請けの「カイザ・エンジニアリング」社長らが業務上過失致死容疑で書類送検）。釜ヶ崎日雇労働組合を中心に亡くなった2人の通夜に参列し遺族に挨拶したが、この工事の手配業者のところにぼくも行っていたので、「ひとつ違ったらぼくがこの事故に遭っていました」と話したことを憶えている。

ぼく自身が仕事のケガで仕事ができなくなったことは5、6回ある（労災認定されたのは2回）。1回は、現場の鉄の切り口で足を切って、すぐ病院に行って10針ぐらい縫った。当然、労災。これは軽傷で、しばらくしたら問題なく治った。

もう一つは、腱鞘炎。よく行っていた大阪市港区の手配業者「岡本興業」から、左官屋の手元に集中的に回された。モルタルをひたすら練って、バケツに入れて両手に下げて壁塗り中の左官屋のところに運び続ける。水を入れて練ったモルタルは石のように重く、終日モルタル練りとバケツ運びを続けていると、指がギシギシと痛くなった。

そのうち、朝起きたとき「なんか指が伸ばしにくいな」と感じ始めた。そして、ある朝起きると左手中指がカギ状に曲がったまま伸びなくなっていた。さすがにあわてて医療センターに行くと、指に負担をかけたことによる「腱鞘炎」と診断された。医者によると、薬も出すが、ともかく指を使わないことだと言う。

仕事で痛めたのだから、当然労災だ。しかし、ぼくはそのころその左官屋だけでなく、あちこちの業者からいろいろな現場に行っていた。ある時特定の現場でケガをするのとは違って、徐々に進行するケガの場合、労災認定は難しいということなのだ。これは、あちこちの現場で働く日雇労働者に常につきまとう問題だ。実際、腰痛のために就労不可能になる日雇労働者は多いが、現場が一定でないため、ほとんどの人は労災にできずに仕事ができないまま野宿になっていく。

ぼくも、仕事はできないし労災金も入らないので、しばらくしたら貯金がゼロになった。そこで、アルバイトニュースを眺めて、指にほとんど負担のかからない仕事、つまりガードマンを始めることにした（大阪近辺のガス工事現場の警備）。1日6000円の賃金で、おまけに労働運動や支援活動のために2日に1日しか仕事を入れなかったから、月収数万円の日々が続いた。しかし、ひたすらガードマンを続け、半年ほどして指がほぼ回復したので日雇労働に復帰した。

もうひとつの労災は、建物解体の現場で大ハンマーを使っていた時だ。頭より上の部分をたたき壊すため、20キログラム以上ある大ハンマーを振り上げて打ち下ろした。しかし、「空振り」して自分の足のスネを思いっきり打ちつけた。のたうち回って苦しんだが、30分ぐらいすると痛みは和らぎ、足を引きながらとりあえず帰った。しかし翌日、足を動かすとギーギー音を立て、ほとんど歩くことができなくなった。

そこで、再び医療センターで診察を受けると（ぼくは医療センターでも治療費は払っていた、念のため）、医者は「これは腱鞘炎やで」とわけのわからないことを言う。「大ハンマーで打ってこうなった」としつこく言うと、その医者は目の前でカルテに「腱鞘炎。大ハンマーで打ったと言う（本人の話）」と書いていた。実は、医療センターの整形外科には労働者への態度が非常に悪いことで評判の医師がいて、そいつに当たっていたのだ（この医師の態度に激怒した労働者が、八つ当たりで看護師を刃物で刺して重傷を負わせるという事件が後に起こる）。これは話にならんと判断し、別の病院に行くと、すぐ「骨膜炎」と診断された。

診断書を持って、手配業者のところに労災の手続きに行った。その業者は、鉄の切り口で切った労災に続いて2回目だったのでかなり嫌な顔をした。ただ、そこの社長は「生田くん、治ったらまたうちにおいでや」と言っていた。

そして、足が治ってセンターに行き、その業者のところで前のようにずっと待っていたが、手配師は一貫して知らん顔をしている。数日その業者のところで待っていたが、まったく仕事が回されなかった。つまりこれは、労災を2回やらかすようなヤツには二度と仕事は回さない、という無言の宣告だった。これは、周囲の労働者には大変いい「見せしめ」になったことだろう。

「治ったらまたおいでや」と言っていた社長は、たまに顔を合わすと同じようなことを言っていた。なので、「干した」のは現場の手配師の判断かと思っていたが、実はそうではなかった。その業者からよく一緒に仕事に行っていた労働者が数年前に肺ガンになり、病院に何度か見舞いに行っていたが、あるときその人が教えてくれた。その人がセンターで社長の横にいたとき、社長はぼくがセンターに現われるのを見て、手配師に小声で「あいつに仕事は回すな」と指示したという。要するに、社長は自分で「干す」ように指示しておいて、ぼくには知らん顔していたのだ。その労働者が黙っていればわからなかったが、死の間際に遺言のように教えてくれたのだった。

†原子力発電所、アスベスト除去の作業

日雇労働者は、「景気の安全弁」だけでなく「危ないときの使い捨て要員」としても現場で重宝されていた。西成労働福祉センター発行の「センターだより」（1982年夏、増刊号）には「これだけは覚えておこう　原子力発電所関係の求人について」としてこう書かれている。「手配師など求人者の甘い言葉にだまされないようにしよ

う。作業内容を偽られたり（建築片付けと言われたが実際は原子炉の作業であったり）、仕事がラクだからと言われたり（ほんとうは危険作業のため特別に短時作業にしている）、賃金が比較的よい、食事がよい、などにだまされがちです」。この話は現場で時々聞いた。現場に連れて行かれて「あそこのボルトを4本締めるだけで1日分出すから」と言われて10分でやってきた、みたいな話だ。

ぼく自身は、大阪府立大学の原子力関係の研究所の冷却水交換作業に行かされた。特殊なタンクに入った冷却水を別の処理用タンクに入れ替える。一応、手袋類を渡されて水が体につかないように仕事をしたが、その作業をするのは大学の人間ではなく、請負企業の社員でもなく、われわれ釜ヶ崎の日雇労働者だった。

東日本大震災直後の2011年3月19日には、「宮城県女川町、10トンダンプ運転手、日当1万2000円、30日間」という求人が釜ヶ崎であり、それに応募した日雇労働者は、いきなり原発事故の対応拠点「Jヴィレッジ」に連れて行かれた。そして、防護服と防じんマスクを着せられ、福島第一原発敷地内での給水作業を行なわさせられた。原発5、6号機冷却のため、給水タンクにホースやポンプを付けて給水車に水を移し替えるという作業で、「4日目にやっと線量計が配られた」という。もちろん、ウソの労働条件による求人で、職業安定法や労働基準法に違反する。原発事故が起こるや否や、「危ない仕事は釜ヶ崎の日雇いにやらせろ」という、昔ながらのやり方があたり前のように復活したのだ。

そして、アスベスト関係の仕事がある。よく知られているように、アスベストは吸ってから平均38年程度で一部の人が発症し、肺ガンや中皮腫などを引き起こす。特に中皮腫は発症すると大体1年後に死亡し、早期に発見して取り除いても再発する確率が高い。発病する臨界量については不明で、アスベストに関わる仕事をしている場合「この程度なら大丈夫」という基準点は定められていない。

ぼくは、1988年から1989年の冬に、「岡本興業」の手配でアスベストの除去作業に行った。小学校の確か体育館で、建物全体を巨大なビニールで覆い、作業員がアスベストを「けれん棒（下地表面の付着物などを取り除く器具）」でこそぎ落とし、それをバキュームで専用の車両内に吸っていく。その車には確か「安全な環境を次世代に」と書いてあった。しかし、実際にアスベストをこそぎ落とす作業は、そこの社員は一切しない。全部、釜ヶ崎から連れられてきたわれわれ日雇労働者がやった。

釜ヶ崎から手配されたぼくたち3人は、簡単なマスクをした上でチャックつきのビニール服で全身を覆い、建物に入ってアスベストをこそぎ落としていった。すぐアスベストがもうもうと舞い、部屋は真っ白になる。仕事をやっていると、マスクのために息ができずに苦しくなってくる。それで、時々マスクをはずしてビニール服の中でハアハアやっていた（あとで、ここで使っていたようなマスクはアスベストには「効果なし」と知った。業者の日雇労働者に対する扱いはあまりにいい加減だった）。また、昼休みには、ビニール服を脱いで食事にする。どうしてもアスベストが多少は舞い、吸い込むことになる。この作業には2日間行った。どの程度アスベストを吸いこんだのかはわからないが、日常ではありえない量は間違いなく吸っている。

長く日雇労働をやっている人に聞くと、60〜80年代は「アスベストは発ガン性がある」という事実は現場で無視され、作業員はアスベストがもうもうと舞う中をマスクも何もなしで仕事していたという。平均38年程度で発症とすると、日雇労働者にとってアスベストによる発症はこれからがピークになる。また、アスベスト除去作業はいま本格的に取り組まれているが、現場で作業するのは一体誰なのだろうか。もしかしたら、日雇労働者あるいはフリーターがこうした作業をやらされるのではないだろうか。(1)

事実、アスベストが社会問題になった2005年から、釜ヶ崎にアスベスト除去作業の手配の車が時々来るようになった。「単価13000円・大阪市内・けれん作業・石綿撤去」といったカードを出した手配の車がやってくる。こうして、アスベストを使うときも除去するときも、その作業は日雇労働者が集中して担い続けるのである。

日雇労働は苛酷で危険で汚れる仕事であることは間違いない。しかし、現場で体を動かし汗を流す仕事そのものは、ぼくは好きだった。特に、広々とした現場での穴掘りや、材料を担いで運び続ける仕事などの頭を使わないですむ単純労働はやってて気持ちがいい。それに、自由に時間が使えることは日雇労働の大きな利点だった。活動があるたびに休みを取るのは正社員なら大変だが、日雇労働者の場合は、朝目が覚めて「今日は休み」と決めても誰にも迷惑はかからないからだ。

それでも、夜明け前に起きて仕事を探しにセンターに向かうときは、大げさに聞こえるかもしれないが、毎日地獄に降りていくような陰鬱な気持ちになった。朝早いことによる寝不足、仕事自体のきつさ、体調や暑さ寒さへの不安、仕事前後の拘束時間の長さなど、日雇労働のマイナス面にはいつまでたっても慣れることができなかったのだ。

しかし、そんなことさえ言っていられない時代がすぐ目の前にやって来ていた。

†バブル期の釜ヶ崎

バブル期を迎えると、釜ヶ崎には空前の量の仕事がやってきた。数え切れないような数の手配の車がきて、労働者は「こっちに来てくれ」「あっちに行ってくれ」と引っ張りダコ状態になった。西成労働福祉センターの統計によれば、この時期「現金」仕事の年間求人数の記録更新が続き、1981年に59万人以下だった年間求人数が1987年に約118万人、1989年度は187万にまで跳ね上がった。近畿圏では「国際花と緑の博覧会」「関西文化学術研究都市」「関西国際空港」などのビッグプロジェクトが進められ、その関連事業とともに民間の住宅、ビルの建設ラッシュが空前の規模に達したためだった。

手配師は目標の労働者数を確保することができず、朝の8時にセンターに行っても「にいちゃん、今から仕事に行ってくれ」と声がかかった。8時から現場に行ったら着くのは9時、10時になるが、それでも手配師からすれば穴を空けてしまうよりはるかにいいのだ。

この時期、労働者と手配師の力関係はかなり逆転した。労働者は、条件の悪い手配師や現場は相手にしなくなった。手配師は必死になって労働者を探し回り、缶コーヒーや軍手、果ては喫茶店のモーニングセットをサービスして労働者を摑まえようとした。釜ヶ崎日雇労働組合の春闘は、一気に1000円のベースアップを要求し、手配師の業者も比較的すんなりそれを飲んだ。こうして、釜ヶ崎史上最高の最低労働単価1日1万3500円が成立した。

現場でも、5時きっかりまで仕事をするのが当たり前だったのが、だんだん4時50分、4時45分、そして4時半に仕事をあがるようになった。「4時半に仕事あがって片づけして着替えたら5時になるがな」という理屈である。「好景気になると労働者の労働条件がよくなる」ということの見本のような事態だった。

†釜ヶ崎にやってきた外国人労働者

人が全然足りないので、手配師は日本中、世界中から労働者を集めるようになった。こうして釜ヶ崎の日雇労働者数は2万人から最盛期には3万人以上に急増した。事実、そのころ現場では韓国からの出稼ぎ労働者に多く出会うようになった。かつて東北から出稼ぎに来る労働者が大勢いたように、韓国やフィリピンなどから釜ヶ崎へと労働者がやってきたのだ。

そのころ、ぼくも現場でたびたび韓国の人と一緒になった。ところが、韓国人労働者の多くはほとんど日本語がしゃべれないようだった。言葉が通じないので、ときどき困った。重い鉄骨を一緒に担いで、下ろすときに「せーの!」と言ってもまったく通じなかったりするからだ。しかし、これは慣れればなんとかなる。

労働者の中には、「外国からあんまり人が来るとワシらの仕事がなくなるんじゃないか」と言う人もいたが、仕事の絶対量が多かったので心配する必要は全然なかった。ただ、手配業者は「外国人は同じ1000円でも自分の国では10倍ぐらいの値打ちになる」という理屈で、かなりの現場で日本の労働者と比べて日当を安くしていた。

事実、この時期にはアジアの出稼ぎ労働者に対する労働問題が多発した。出稼ぎ労働者は観光ビザで入国して働くことが多いため、労働すること自体が違法行為とみなされる。その弱みにつけこまれ、多くの外国人労働者が日本各地で低賃金、賃金未払い、暴力、不法監禁、長時間労働、売春の強要などのさまざまな問題に遭遇していた。

釜ヶ崎でもアジアからの出稼ぎ労働者の支援のための組織「アジアンフレンド」（水野照明事務局長）が1988年に結成され、支援活動を開始する。アジアンフレンドの電話相談では、次のような内容が報告されている（1991年1〜3月）。

・婦人相談所より、保護中のタイ女性のことでタイ語のできる人を依頼される。本人（22歳）は精神状態が不安定なためくわしくはわからないが、パスポートを取りあげられ働かされていた悪徳業者のもとから逃げ出し、路上で警察に保護される。婦人相談所、警察、領事館、精神科など、面会、つきそい、通訳を通して彼女の相談相手になる。喜望の家の宿泊協力によりアジアンフレンドのメンバーといっしょに問題の解決に努力する。借金をかかえお金を持っていない彼女へのカンパ活動や、彼女自身にも働いてもらいタイ料理パーティを開いたりして帰国費用をつくる。領事館の関係者たちからもカンパが寄せられ帰国までこぎつける。帰国後の問題も多いので、メンバーがタイまでつきそって行く。

・フィリピン男性（日本の友人からの相談）。コックとして働いていたが、ビザが切れたという理由で24万円のところ、9000円しかもらえなかった。直接本人と会って、くわしく話を聞きたいので返事をくださいと伝える。

ただ、様々な問題はありつつも、1988年から1991年までは釜ヶ崎にとって「大阪万博」以来の好景気に沸く時期だった。労働条件は日増しによくなり、センターに行きさえすれば必ず仕事があるという状態だ。今でも多くの労働者や野宿者は「もう一度あのころみたいに仕事が出たらなあ」としみじみと言う。全体として、バブル経済による建設・土木産業の活況は、寄せ場の労働者の生活水準をかなりの程度底上げし、健康でありさえすれば生活そのものに問題が生じることはない状態が続いていた。1989年前後に起こった世界的な変革と変動の中、日本は寄せ場の日雇労働者ですら一貫して経済的な繁栄と平和を享受しているようにも思われた。

それだけに、バブル経済最末期の1990年10月に起こった釜ヶ崎暴動は、多くの人々にとって「突然」のもののように見えた。

†90年釜ヶ崎暴動

1990年10月2日夕方、釜ヶ崎キリスト教協友会のひとつに用事があって西成署の横を通ると、何かもめごとがあったらしく、十数人が集まってワイワイと騒がしく話し合っていた。何だろうと思ったが、時間もないのでそのまま通り過ぎた。

ところが、数十分後にもう一度そこを通ると、集まった人数は100人近くになって、もはや「騒然」という雰囲気になっていた。そこにいた人たちの話では、『わんがうまりあ沖縄』で知られる富村順一さんが労働組合のひとつに抗議をし、飼っていたシェパードが労働者に咬みついた。それに対して、西成署の署員が富村さんを警察署内に連行しようとしたことから騒ぎが拡大した、ということだった。

この日の朝刊には、西成署の巡査長が暴力団のノミ行為（私設の賭場）を見逃し、警察の手入れ情報を提供するのと引き替えに1000万円以上の賄賂を受け取って逮捕された、という記事が載っていた。暴力団と警察が癒着した事件として飛び抜けて悪質なものだったが、それは釜ヶ崎の多くの労働者にとって特に許し難い事件として見えた。それは、西成署の釜ヶ崎日雇労働者に対する態度が、差別的かつ暴力的だったためでもある。

たとえば、労働者がシノギ（路上強盗）にあって被害を訴えに行っても、「そんなところで寝ているおまえが悪い」と言われて門前払いになる。監視カメラは、街頭バクチは放置して、労働者や労働組合、ボランティアを監視している。後に暴動の背景を報じた日本経済新聞はこう書いている。「たとえば一九七九年度、暴力団取り締まり（ノミ行為取り締まり）に動員された警官数は延べ五七〇〇人、それにたいし労働者の運動の警備には延べ四六〇〇〇人と約九倍もの警官が動員されている。また暴力団の動向については、団体数や人数などわずか数行にすぎないが、労働者の運動については、各グループのスローガンにはじまり、行動の具体的な内容まで記されている。この一点をとりあげても治安のねらいがどこにあるかは言うまでもない。この傾向は、以来、一〇年間一貫している」（1990年10月10日）。それゆえ、このような警官がヤクザと共謀して賄賂を受け取っていたとわかった時、多くの労働者はカチンときた。

西成署前では、記事の載った新聞を手に「汚職警官、出てこい！」「おまえら恥ずかしくないんか」「説明しろ！」と言う声が飛んでいた。労働者が仕事から帰ってくる時間帯ということもあって、西成署前の人数はどんどんふくれあがっていく。そして、人数が数百人という規模になると、西成署は盾を持った機動隊60人あまりを署前に突然配置して、労働者に対する威嚇を始めた。それを見て、労働者の怒りは当然ますます大きくなった。

「あやまれ！」「わいろ警官は出てこい」という声が高まり、労働者は西成署に詰めより、正面入り口に殺到し始めた。機動隊は入り口と労働者の間に入ってそれを阻止する。この突入と阻止の衝突が何度も繰り返され、その間に西成署を囲む労働者の数は1000人を越える規模になっていった。空がだんだん暗くなってくるなか、「このままではとても済まない」という緊迫感が労働者と機動隊との間で高まっていった。

そして、当時、西成署の斜め前にはドヤ建設中の工事現場があったのだが、労働者の何人かが同時にそこから建築資材、材木、足場材をつかみだした。そして、それを機動隊と西成署に向かって怒号とともに投げつけ始めた。それを間近で見て、今までまったく経験したことのない事態に立ち会っている、という感情にぼくはつつまれた。それから、いっせいに、建築資材、ゴミ、石、立て看板、自転車のサドル、はがされた道路の敷石などが、機動隊に向かって投げつけられ始めた。実に17年ぶりの「釜ヶ崎暴動」の始まりである。

あわてた機動隊は、西成署周辺を確保する陣形を取って、投石する労働者と対峙し始めた。労働者は、西成署前の道路を封鎖する機動隊に対して文字通り雨あられの投石を続けた。手近に石がなくなると、近所の建築現場に入ってブロックを一輪車で道路に運んだり、電車の線路に入り込んで砕石を運び出して投げ続けた。こうした投石が深夜、そして翌朝まで続くことになった。

翌日には、昼前から多くの労働者が自転車で積み上げたバリケードを機動隊との間に作り始めた。夜になると投石が本格的に再開し、誰が作ってくるのか火炎ビンが機動隊に向かっていくつも投げられ、燃え上がるバリケードには2メートル近いガスボンベが放り込まれた。

警察側は西成以外の各警察からの機動隊を釜ヶ崎のあちこちに投入し、付近の交通を遮断した上で、放水車で群衆の鎮圧を図り始めた（この放水は強力で、まともに受けると体ごとふっ飛ぶ）。機動隊に捕まった労働者数十人もが、殴る蹴るの暴行を受けて西成署に放り込まれていった。一方、機動隊員の中には、投石を受けて意識不明になり、救急車で運ばれていく者も現われた。2日目夜になると衝突の場面が拡大し、投石を受けて電車も止まり、付近の交通機関はほぼ全面的にストップした。自転車やトラック、ライトバンなどがあちこちで焼かれて炎上し、それでも消防隊が近づけないありさまだった。「市街戦」という感じになっていた。

†暴動の拡大と収束

ぼくは見ていなかったが、暴動2日目（10月3日）の早朝、いつものように日雇労働者の求人にやってきた手配師の車はすべて、「自粛しろ」と、労働者によって追い返されたという。暴動4日目には、労働センターのシャッターが定刻の朝5時になっても開かず、手配の車もまったく姿を見せないという状況になった。こうした効果で、暴動後しばらく、手配師は労働者に対して完全におっかなびっくりの低姿勢になっていた。

しかし、暴動は「日雇労働者対西成署」という形から次第に変わり始める。3日目から目立ったことだが、機動隊に投石する労働者の中に十代の少年少女たちが混ざり始めた（少女は少数だった）。彼らの多くは、群衆の先頭に立って石やビンをガンガン投げていた。見た感じからいって、この少年少女たちの大半は暴走族とかツッパリとかではなく、ごく普通の中高生のようだった。暴動に駆けつけた若者の一人はこう言っている。「この間、大阪釜ヶ崎で暴動がおこった。労働者が若者が色んな奴が西成の警察に対して、学校に対して、大人に対して、社会に対して、色々なものに向かって石を放った。そこでは死人は出なかったけれども、沢山の中学生、高校生らが、オッチャン達や釜ヶ崎の町の怒りに同調して警察に数々の暴行を受けながら石を放っていった。私も行った。それは、もの凄かった。怒りをもっともっと吐きだしていかなきゃ、それは昔の出来事になってしまう」（「おとなが育ち会いたい集まり通信」第4号）。こうして、暴動のピーク時には路上に集まった労働者と少年の数は、新聞報道によれば1500人以上になっていく。

暴動現場では、時として西成署以外のドヤや商店へも攻撃が向けられるようになった。確か暴動3日目、現場にいると、何人かが西成署近くのドヤの玄関に火をつけ始めた。自転車や車に火をつけるのはたびたびだったが、それとこれでは話がちがう。その場にいた釜ヶ崎キリスト教協友会や釜日労の知り合いと一緒に「上に人がいたらどうするんだ」「向かう敵がちがうだろう」と声をあげて火を消しに入った。ドヤへの放火はこれ以降は見なかったが、何が起こってもおかしくない雰囲気が次第に濃厚になってきていた。

暴動の最終局面では、西成署からかなり離れたコンビニの略奪が起こった。主に若者の集団だったらしいが、西成署前から集団で移動を続け、たまたま通ったコンビニをいきなり襲撃したらしい。コンビニはシャッターを下ろそうとしたが、間に合わず商品のかなりが略奪された上で放火された。その後、交差点を通る車にも投石し、横倒しにした車両に放火した。消防車1台が駆けつけたが、群衆の投石でフロントガラスが割れて立ち往生し、消防士は逃げ出した。こうなると、暴動の変質は明らかだった。群集心理が揺れ動き、釜ヶ崎内外から人が集まる現場で、暴動の表と裏の面を目の当たりにしていたのだ（なお、60〜70年代の暴動でもやはり他地域への拡大や略奪は起こっている）。

西成署は、こうした暴動の拡散に対して強い批判を受けた。そして、機動隊員を2000人以上に増強、さらに約2500人の制服・私服警官を動員して釜ヶ崎近辺の道路の交通規制・交通検問を行なった。こうした交通遮断のため、明け方までは自分の部屋に帰るのも難しいほどになっていく。暴動現場にいた新聞記者はこう報告している。「信じられない光景だった。六日午前一時過ぎ、地区北西隅にあたる南海新今宮駅ガード下の大通りに面した壁の前で、首にタオルを巻いていた労働者風の男五人が、通りかかったラガーシャツにジーパン姿の少年二人を取り囲み、いきなりけり上げた。男たちは言った。「警察や。石投げたやろ。手を見せろ」。二人へのひざげり、往復びんたは約十分間続いた。（…）一人の大学一回生は「警察だと言うので、免許証を見せたら、『お前ら、なめとるんやろ』と頭突きされ、次々に足を十数回けられた。殺されるかと思った」と震えていた。同様のシーンは午前一時から二時の間だけで別の場所も含めて十回目撃した」（毎日新聞、1990年10月6日）。

そして、暴動は5日間続いたあと自然消滅していった。自転車や自動車の燃えた残骸が残り、あちこちの道路の敷石がはがされた状態が残りつつも、労働者は再び仕事に戻り始め、釜ヶ崎は寄せ場としての機能を再開したわけだ。特に理由もきっかけもなく、文字通り「波が引くよう」な感じだった。嘘のように空気が変わり、釜ヶ崎は日常の姿に戻っていった。

大阪市消防局は暴動の2日から8日までの火災、救急出動状況を発表した。それによると、火災計30件、救急出動計180件、搬送人数138人。大阪府警少年課によると、9日までに逮捕・補導された257人のうち74人が少年だった（うち逮捕者13人）。

逮捕された日雇労働者の一人は、結成された救援会に対して次の手紙を出している。

「私は、今度の事件は決して恥じるものでないと堅く信じて疑いません。なぜならば、今回の釜ヶ崎暴動は、すべて西成警察署の全責任であるからです。その理由は、今日迄私たち日雇い労働者に対して人間として認めずに横暴な態度をとり続けて、なおかつ真面目な仲間をむやみに犯罪者にしたてようとしたり、又、署内に於いては被疑者を、この時とばかりに大勢で暴力によって自白させようとしたり、数え上げたらきりがなく、私はその両方で嫌な思いを受けております。又、私は捕まった晩（10月2日）に、仲間が大勢の刑事に、暴行を受けて血だらけになって、廊下をはいずり回っているのを目撃しました。／そういうヤクザみたいに平気で日常的に行なっておるから、今回の暴動は当然起こるべくして起こった問題であります。でありますから、私は法廷でとことん自分の意見を述べて戦います。そして、いさぎよく刑に服する心であります」

釜ヶ崎にいる多くの人々にとって、この90年暴動が誇らしい記憶として残っていることは確かである。それは警察の腐敗に対する自然発生的な抗議活動であり、日本の他の場所ではありえないような怒りの爆発だった。

しかし、暴動の中ではふだん抑えられていた様々な力が噴出し、その中で多くの人々に様々な形で傷を残した。少年たちは、学校での体罰と機動隊の労働者への暴力を重ね合わせるように見て釜ヶ崎に来たが、そこで彼ら自身が警察からの激しい暴力を受けていた。その暴動の衝撃的な記憶は、そこに参加した多くの人に今も生々しく残っているように思われる。

†バブル経済の崩壊と野宿者の激増

釜ヶ崎から仕事が減り始めたのは、1991年の秋頃から1992年にかけてだった。この時期、日本は戦後最悪といわれる大型不況に突入し、中小企業の倒産、大企業での大量の人員整理、外国人出稼ぎ労働者の解雇と国外脱出が進行した。この時期から日本における失業率は上昇し始める。そして、その中で「景気の安全弁」といわれた日雇労働者は、その言葉通りに真っ先にその影響を受けた。

それまで、朝の7時に行っても選び放題に仕事があるという状態だった「あいりん総合センター」は、手配師のところを回っても全然仕事が見つからない状況に急転した。日雇労働の仕事探しは「早い者勝ち」という面がある。そのため、仕事を探す労働者がセンターに行く時間は7時から5時、4時、そして4時前とどんどん早くなっていった。もちろん、労働者が早く出かけても仕事の量自体は変わらないから、それは典型的な「いす取りゲーム」状態だった。

センターでは、次第に手配の業者が姿を見せなくなってきた。しばらく前まで何台も車を乗りつけて労働者を乗せていた業者がセンターに現われなくなり、求人を出しても、釜ヶ崎以外で広告を打って若く安い労働力を集めるという方法にシフトし始めた。こうして、1993年度の「現金」求人数は、1990年度の実に半数以下に急落した。

この時期、労働者と手配師の力関係は再び逆転した。仕事が減ると、手配師は自分の気に入った（顔なじみの）労働者にだけ仕事を回すようになるからだ。いわゆる「顔付け」である。こうして、まず高齢の労働者、そして体の比較的弱い労働者が仕事に行けなくなった。また、あれほど多かった外国人労働者は釜ヶ崎の表から一気に姿を消していった。労働者は必死になって仕事を探し回り、仕事がありさえすれば少々条件が悪い現場でも行くようになった。現場が夕方「4時半あがり」が当たり前だったのが、「5時あがり」が再び常識になった。労働単価も、最高1万3500円だったのが1万2000円、1万1000円と低下し、ついには9000円にまで落ちた。「不景気になると労働者の労働条件が悪化する」見本のような事態だった。

†日雇労働者の「切り捨て」

しかし、不況になっても正社員層は労働条件がそれほど悪化したわけではなく、影響をもろに受けたのはまず日雇労働者だった。事実、90年代に入って景気対策として公共投資が増加された結果、建設業の就業者数はむしろ国全体で１９９１年度は６０４万人、１９９７年度は６８５万人と急増していた。建設業界そのものはバブル崩壊後も「全盛期」を維持したのに対して、日雇労働者だけが割りを食っていた。つまり、この時期、単なる「景気の変動」では片づかないいくつかの構造的変化が「寄せ場」をめぐって起こっていた。

まず、確かに90年代前半には建設業労働者が増えたが、そのほとんどは15～29歳の若者で、55歳以上の労働者は逆に大量に減少した（労働省（旧称）「屋外労働者職種別賃金調査報告」）。建設業全体のこの「若年化」の中で、高齢化し賃金も相対的に高くなった日雇労働者が「切られた」のである。第二に、90年代前半に、特に大阪府で建設労働者の「常用化」が急激に進行した（大阪府企画調整部統計課「大阪の賃金・労働時間及び雇用の動き」）。日雇労働者の働き先が、若い正規雇用労働者に取って代わられたのだ。こうした変化が、建設業全般の好調とうらはらの「日雇労働者の切り捨て」を作り出していた（島和博「労働市場としての釜ヶ崎の現状とその『変容』」大阪市立大学大学院文学研究科『人文研究』53巻3号）。一言でいえば、この時期以降、日雇労働者総体が「使い捨て」の対象になっていた。

しかも、労働条件が「徐々に悪化する」のならまだいいが、日雇労働者は「たちまち失業して収入がゼロ」に近づき、野宿に至っていた。現在、一部の経済学者や政治家は、フリーターなどの不安定就労問題・所得格差問題について「経済成長が格差解消の最良の対策」「したがって不安定雇用の使用は合理的」といっているが、こうした見解は、景気循環や雇用形態の変動で不安定就労者の受けるリスクについてあまりに無理解な「おとぎ話」である。

ぼく自身、行ける仕事がだんだん減ってきた。先の労災問題で行きつけの業者の口がなくなっていたので、センターをひたすら歩いて仕事を2日に1度のペースでなんとか見つけるという毎日だ。釜ヶ崎の労働者の中では二十代と特に若い部類なので仕事はある方だとはいえ、月に14日程度行くのがやっとで、「行けば毎日仕事がある」

というのはもはや夢物語になっていた。

日雇労働者の場合、2カ月間に28日（当時　現在は26日）労働すると、翌月13日間の雇用保険の支給資格ができる。したがって、ひと月に14日仕事があるかどうかが「生活保護水準より下か、それとも少々余裕があるか」の分け目となる。二十代のぼくが境界線ギリギリなのだから、五十代以上の多くの労働者はひと月で数日しか仕事がないのが当たり前のようになっていた。事実、1992年12月の運動団体の調査によれば、労働者全体の月平均就労日数は「10日強」、60歳以上の労働者は「5日強」となった。

この90年代初頭のバブル経済崩壊以降、釜ヶ崎だけでなく日本全国で数千人の日雇労働者が一気に野宿を始める。特に四大寄せ場近辺の駅や公園が野宿者であふれ始めたのがこの時期である。このときから、日本で初めて野宿問題が社会問題となり始める。

そして、90年暴動のしばらくあと、ぼくは日雇労働運動や野宿者支援活動からほとんど離れ、日雇労働者として釜ヶ崎で働くだけという状態になっていた。1990年から1991年にかけて問題になった女性差別・沖縄差別をきっかけに釜ヶ崎の運動の体質が問題になり、1年近く問題の究明と討議が続けられていた。一言でいえば、日雇労働者という「被差別」の立場から活動している者が、自分自身の差別についてはあまりに無自覚なのではないかということだった。「差別と闘う」と言いながら、他の人たちへの差別について鈍感では、そんな運動が信頼されるはずがない。

ぼく自身も、「様々な立場の人とともに差別と闘う」ことを自分の問題として考えようとしながら、それをどう引き受ければいいのか、わからなくなっていた。釜ヶ崎で日雇労働を始めたとき、それまでの自分が嘘くさいものに見えてきたように、釜ヶ崎に関わる自分への疑問が再びのしかかっていた。混乱した状態のまま、ほとんどの活動を中止した。

釜ヶ崎では1993年に「釜ヶ崎反失業連絡会」が結成され、ほぼ同時に日本各地で野宿者への支援活動が本格化する。しかし、90年代前半のしばらくの間、ぼくはひたすら日雇労働者として仕事をするだけの生活を送り続けることになる。

註

（1）事実、次のような記事を見つけた。「スポット派遣の日当は六〇〇〇～七〇〇〇円。一カ月二〇日働いても十数万円。アスベストの粉塵が舞う現場で風邪用マスクだけで働かされた人、危険な現場で安全靴を持たず、釘が足を貫通した人……。（人材派遣のフルキャストのグループ会社で正社員として働く）星野さんが珍しく家に帰れた日の翌朝。出勤途中の横浜駅の地下で、ゴミ箱をあさる若い男性を見た。胸が詰まった。時々仕事をまわすスタッフだった。「これじゃホームレス製造工場じゃないか」」（「AERA」2007年4月2日号）

第2章　野宿者はどのように生活しているのか

†82歳の野宿者

大阪市の西成公園のテントに住む藤井さんは２００６年に82歳になった。

藤井さんが野宿を始めて15年ほどになる。１９２４年元日に泉佐野の漁師の三男として生まれた藤井さんは、ワイヤーロープ会社で働いたのち、１９４４年に徴兵され、ピョンヤン、そして満州へ渡った。１９４５年、ソ連が満州に侵攻し、藤井さんは捕虜となる。シベリア鉄道で連行され、ウラル山脈の森林伐採の強制労働に就く。「直径が1メートル20から30センチメートルある松の伐採ですよ。3人で抱えるような大きな松を切る」。時にマイナス30度を下回る現場での労働は8カ月間続き、伐採現場の50人中30人は栄養失調や倒木の下敷きになるなどして死んだ。戦友が倒れて血に染まった赤い雪を何度も見た。「青春時代を国のために使われるだけ使われて、いま死んでたまるか、もう一度生きて祖国の土を踏むんやと思った。死に切れんと思った」。

1947年2月、藤井さんは日本に帰った。両親はすでに亡くなっていた。飯場で仕事を始め、全国の工事現場を回った。釜ヶ崎の日雇労働者として千里ニュータウン、大阪万博、緑地公園、泉北ニュータウン、関西空港などの建設に携わった藤井さんは、多くの日雇労働者と同じように1990年以降のバブル崩壊によって仕事を失う。「毎朝5時に起きてセンターに行っても閑古鳥が鳴いとった」「シベリアの体験があるからね、これは日本の捕虜になったなと思ったよ」。

最初は日本橋の電気店街でダンボールを敷いて野宿した。日本橋では10時に店がしまるので、それからダンボールを拾って寝ていたという。しかし、1995年に道頓堀で野宿していた62歳の藤本さんが若者に水死させられる事件が起こる。当時、大きく報道された野宿者襲撃事件である。「これは、こんなことやってたら、不逞の輩がやって来て自分の命がなくなるなと思った。それで、自転車であちこち探して西成公園に行くことにしたよ。ここは街から離れてるしね。それで、ここに決めようと思った」。

公園での藤井さんの主な収入源はダンボール、新聞集め、そしてアルミ缶集めだ。「私の場合、ダンボール、新聞、アルミ缶の3つでいまのところ1日800円ぐらいの収入やね。リヤカーに150キログラムのダンボールを積んでいかんと、それくらいにならない。ダンボール100キログラムで500円、150キログラムで750円。それよりちょっと多い時もあるけどね」「風呂は、いまは行水できるから、7月、8月、9月は大丈夫ですよ。それでも、3日に1回は銭湯に行く」。

おそらく、82歳の藤井さんは野宿生活を長年続けた日本で最高齢の野宿者である。(1)

藤井さんの生活は、80歳を越える年齢という点以外は野宿者の中で特別なものではない。日本の多くの野宿者は、三十代の人も七十代の人も、主にダンボール集めやアルミ缶集めで生計を立てている。それはテント生活の野宿者も、路上でダンボールハウスで寝る野宿者も大きな変わりがない。目一杯働いた1日の収入が、平均1000円程度という点でも。

†女性と若者の野宿の増加

2015年現在、日本の野宿者数は1万人程度だと思われる。

野宿者数に関する公式な調査としては厚生労働省の全国調査があり、そこでは全国の野宿者数は2015年は6541人とされた。うち男性6040人、女性206人、不明295人。都道府県別で最も多かったのは大阪の1657人。東京の1498人、神奈川の1204人が続く。場所では河川が最も多く30・9%。都市公園24・2%、道路18・3%、駅舎4・8%だった。調査は、市区町村の職員らが毎年1月、野宿の人が暮らしていそうな場所に出向き確認している。だが、この数字はかなり実態から遠い。

野宿者をたずねる夜回りグループが全国各地にあるが、野宿者数が数百人程度の地域の団体はその実数をほぼ完全に把握している。2003年時、そうしたグループは、厚生労働省がカウントした各地の人数を実数の70%程度だろうということでかなり一致していた（ある市で厚生労働省の調査が350人なら実数は500人という感じ）。厚生労働省の調査は、調査員の多くが野宿者がいる場所や時間を十分把握していないため、こうした杜撰《ずさん》な結果になった。そこから逆算すると、２０１５年の野宿者数は、９３４４人という結果が出る。しかし、この人数も問題が残る。

たとえば、高知県の野宿者数は「３人」とされた（２０１４年）。だが、ふだん夜回りを行なう田中きよむ高知県立大学教授によると、「少なく見積もっても高知市内だけで10人以上のホームレスが存在することは確実だ」「高知のホームレスは見た目では分からない人が多いので、実際に話しかけてみないと分からない」。「バス停横の長いすで長時間座り込んでいる人々」「お遍路さんの格好をしている中年男性」「周囲と交流を持ち、草刈りのボランティア活動までしている高齢男性」などが、実は野宿している人だからだ（http://www.huffingtonpost.jp/jcej/homeless_b_5483690.html?utm_hp_ref=japan）。

そして、これは「ホームレス」（homeless）ではなく路上などで寝る「野宿」（rough sleeper）の人数だ。ここには、たとえばマクドナルドやネットカフェで寝ている人などは含まれない。野宿者ネットワークで夜回りしている大阪市心斎橋周辺では、路上の野宿者は10人から20人だが、深夜にこの地域のマクドナルドを数店舗回ると、荷物を置いて椅子につっぷして寝ている人が20人ぐらいはいる（この人たちへのビラまきも時々行なっている）。マクドナルドだけで20人なのだから、「寝る場所がない」(homeless) 人は、厚生労働省のカウントの「数倍」はいるとも考えられる。

また、厚生労働省全国調査の男女比を見ると「男92・3％」「女性3・1％」「不明4・5％」（2015年）となっている。「不明」は「防寒着を着込んだ状態等により性別が確認できない者」とされているが、「4・5％」はかなり多い。また、各地の夜回りに参加した体験から言っても「女性3・1％」はあまりに少なすぎる。女性野宿者は、人目につかない場所で寝ることが非常に多いため、この調査から抜け落ちている可能性が高い(2)（民間の「虹の連合」による全国調査では女性が7％となっている）。

厚生労働省は職歴、学歴、収入などを聞いた全国調査を数年おきに行なっている。2012年の調査によれば、野宿者の平均月収は3・6万円。最終学歴は中学校が最も多く49・8％、次いで高校が38・2％。この非常な「低学歴」の比率は注目に値する。

なお、2003年も2007年も2015年も、全国で野宿者が最も集中するのは大阪だった。それは、ここに全国最大の寄せ場、釜ヶ崎があるからである。

†90年代後半の変化

70年代以降、90年代前半まで、日本の野宿者はそのほとんどすべてが日雇労働者だった。日雇労働者の中で、特に病気や高齢の人が仕事を失って収入がなくなり、その結果として野宿するというパターンが20年近く続いていた。

「野宿者＝日雇労働者」というこのパターンが崩れ始めたのは、われわれの実感では90年代後半からだった。特に、全国で野宿者数が目に見えて増え始めた１９９８年前後から、夜回りなどで出会う野宿者に日雇労働を経験していない人たちがかなりの割合で現われ始める。これは、消費税増税などによって景気が一気に落ち込み、失業率が急激に上昇し始めた時期と一致していた。それまでの職業を聞いてみると、元板前、元自衛官、元会社員、元会社社長、元教師……。その多くは、「失業」（あるいは倒産）によって野宿に至っていた。また、この90年代後半から、それまで野宿問題とは無縁だった様々な地方都市で野宿者が目立つようになる。

こうした現実を受け、１９９９年2月、関係省庁と地方公共団体（東京都、横浜市、名古屋市、大阪市、新宿区が参加）で構成する「ホームレス問題連絡会議」が設置され、地方による対応の限界を指摘し、国の対応を求める「ホームレス問題に対する当面の対応策について」が公表された。これを受けて、厚生労働省は2000年度予算に国として初の野宿者対策予算となる「ホームレス問題自立支援事業等」を計上する。

そして00年代になると、日雇労働を経験していない人たちが全国の野宿者の過半数を占めるようになった。また、この時期から女性野宿者も目立つようになってくる。00年代後半のいま進行しているのは野宿者の低年齢化である。野宿者がほぼ日雇労働者だった時期には、野宿者の年齢は五十〜六十代に集中していた。しかし、00年代に入ってわれわれが出会う野宿者には四十代はもちろん、三十代、二十代の若者がかなりいる。たとえば、2015年現在、野宿者が販売する雑誌「ビッグイシュー」に新規に参加する野宿者の半数近くが三十代以下の若者だという。

日本の野宿問題は欧米を20年遅れで追いかけているという面がある。事実、イギリスでは80年代から失業に伴う若者のホームレス化が社会問題になり始めた。アメリカでも、この時期からすでにフルタイムで働いても最低水準以下の生活しか営めない「ワーキングプア」の問題が現われている。そして00年代以降、日本でもフリーターや派遣労働者をはじめとする不安定雇用の若者たちや母子家庭の貧困が社会問題となった。日本における野宿の女性の増加、低年齢化はおそらく今後もさらに進んでいくだろう。

†「究極の貧困」としての野宿

いま、路上ではどのような人たちが野宿しているのだろうか？

ぼくが所属する野宿者ネットワークは毎週土曜日、釜ヶ崎の他、大阪市内の心斎橋、日本橋、天王寺といった繁華街周辺を夜回りしている。２００２年以降の夜回りで、ごく一部を抜き出してみよう（以下、野宿者ネットワークの夜回りでのケースは、ほぼすべてホームページで公開している）。

・大正生まれの人が野宿していた。年金が月10万円入るので普段はドヤなどに泊まって、金がなくなると野宿ということだが？　身なりもきちんとしていて、生活保護が何らかの事情で中絶している模様。こちらの連絡先を渡す。（２００２年1月）

・車いすに乗った65歳の人がいた。起こして話を聞くと、障害1級で浪速区に住民票があるが、福祉事務所が生活保護をやってくれないと言う。なんらかのトラブルが

ある模様。足もむくんでいる。連絡先をわたす。（2002年12月）

・80歳の人が野宿している。生活保護を受けているが、人に金を貸した結果、家賃が払えなくなったという。明日、大家と話をしてみるということだ。（2003年7月）

・帯状疱疹で市立更生相談所に行くが、「ハローワークに行って仕事を探す気構えを示せ」と言われ、ハローワークに行くと今度は「野宿の人は対象ではない」と言われ、あきらめた。月曜に待ち合わせ。（2005年9月）

・70歳で脳梗塞があるが、田舎に土地があり、売却できないので生活保護がとれないという人がいる。連絡先を渡す。（2006年8月）

・炭鉱にいた影響で耳が聞こえなくなり、学校に行けなかったので字がまったく読めないという80歳の人がいる。意思の疎通ができない。連絡先を渡したが拒否される。（2007年4月）

・「あいりん総合センター近くのローソン前に、朝2時に京都の手配の車が来るので待っている。2時半に出て、現場は滋賀県。賃金は7000円で、弁当・交通費なしなので帰ったら5000円になっている。大阪に帰ったら夜8時近いので、ほとんど寝ずに2時にまたセンターに行く」という67歳の人。くも膜下出血の後遺症があり、しびれがある。生活保護も考えているという。（2009年9月）

・高架下で72歳の女性に会う。4月まで大阪市平野区で生活保護。ケースワーカーと揉めてアパートを出る。その後あいりん総合センター周辺で野宿。数日前に高架下に来る。右足がむくれてパンパンの状態で歩くことができない。これまで、まわりの野宿の人たちが寝るためのダンボールや食べ物を分けてくれてしのぐことができた。おにぎりと明日の山王こどもセンターのバザーのただ券と名刺を渡す（その後、救急で入院。お見舞いに行って生活相談を行なう）。（2011年7月）

・ばい菌が入ったのか左足首から先がパンパンに腫れている66歳の男性がいた。放っておくと壊疽《えそ》しそうなので救急車を呼ぶことを提案。病院に行くのはずっと渋っていたが、病院に搬送された。（2012年9月）

・豪雨の中、公園で七十代の人が仰向けで寝ていた。話しかけると「足が痛い。歩けない」という。救急車を呼ぶ。（2013年4月）

・以前から日本橋で野宿しているTさんは内臓疾患があり、激痛に苦しみ、時には意識を失っている。繰り返し医療センターへ行くことを勧めているが、断乎として拒

否し続けている。（2014年1月）

・心斎橋で寝ている59歳のIさん、脳梗塞の既往歴があり、3日ほど前から呂律が回らなくなった。説得を続けた結果、救急車に乗る決意をされたが、救急隊員から救急車への夜まわりメンバーの同乗は拒否された。1週間後、再び路上でIさんに会う。「病院で「足を洗わせてくれ」と言ったが、「それは明日」と言われてそのまま病室に入ったが、まわりの人たちから「足が臭すぎる」と文句を言われ、自分で病院を出た」という。今回は言葉がほとんど発せず、筆談でコミュニケーションをとった。前回同様最初はいやがっておられたが、最後には救急搬送に同意して下さり、前回拒否されたメンバーの同乗も救急隊員から許可された。入院になった。（2014年3月）

・70歳の方に生活保護を勧めると、「自分の年金で家族は生活しており生活保護は受けられない。自分はいろいろあって家を出て野宿している」と説明していた。（2014年9月）

・天王寺動物園入口で話しかけたが、あまり返事もなく、体調を確認できなかった方が、翌日曜の午後、その場で亡くなっていたことがわかる。まわりで野宿していた

人によると、内臓疾患があり急変したのだという。（2015年1月）

・くるぶしから膝が黒ずんで腫れ、もう歩けないという60代と思われる男性がいた。額に触れると熱く、足の炎症から敗血症になっている可能性がある。救急車をすすめたが、「救急車に乗ったらもう命の終わりだって思ってしまうから、絶対に乗れない」と拒否。夜回り終了後と翌日と翌々日に、スポーツ飲料や冷えピタ、ゼリー飲料を持って様子を見に行く。月曜、病院へ行ったことを確認。（2015年7月）

・左足がひどくむくんだ人が野宿。肺がんと腎臓がんがあり、「とにかく、歩くのがだるい」と言う。生活保護は受けたことがあるという。「生活の相談に乗りますよ」と声をかけると、「お願いすることになるかもしれない」と言う。（2015年8月）

実にさまざまな人が野宿になっている。こうした人と会い、入院や入寮、生活保護その他の相談をし、他団体への紹介をしたり、入院・入寮した場合はお見舞いを続けたりする。ただし、われわれの力量ではどうしようもないケースも数多くある。

†アルミ缶を拾って命をつなぐ

それでは、「究極の貧困」と言うべき野宿者はどのように生計を立てているのだろうか？

野宿の現場を訪ねる夜回りに行くと、こういう話になることがある。


「ごはんはどうやって食べてるんですか？」

「アルミ缶を集めてるよ」

「それって1日いくらくらいになるんですか？」

「1000円にはいかないな」

「何時間ぐらい集めてるんですか？」

「大体、10時間ぐらい」

「どこらへんまで行きます？」

「奈良の方まで行くこともあるよ」

「歩いて？」

「そう、自転車とかで」

厚生労働省による2012年の調査では、野宿者のうち「収入のある仕事をしている」人は全体の61・0％である。そのうち、具体的な仕事内容は、「廃品回収」が全体の77・8％と最も多く、次いで「建設日雇」が9・3％となっている。また、各種の調査によると大阪市の野宿者の多くはダンボールや空き缶を集め、それを業者に売って生活している。

では、アルミ缶やダンボールは集めて売ると何円になるのだろうか？

アルミ缶の値段は、2015年現在1キログラム当り150円である。個数でいうと1個で約2円（ただし、アルミ缶の単価は時期や地域によってかなり異なる。たとえば、愛媛県松山市ではアルミ缶は2006年で1キログラム55〜60円。大阪でも2006年まで100円だった）。

ダンボールはいくらだろうか。ダンボールはかつて1キログラムが30円という時期があり、その頃は野宿者のほとんどがダンボール集めをしていた。しかし、ダンボールの価格は急落し続け、2007年以降2015年も「1キログラム6円」程度になっている。

アルミ缶は「1個で約2円」だから、「100個で約200円」「500個で約1000円」である。野宿者はアルミ缶をゴミ箱などから1個1個集めていくが、500個は、そう簡単に集められる数ではない。

ダンボールは「1キログラムで6円」、つまり「100キログラムで600円」になる。100キログラムといえば大人2人分の重さだ。商店街などで1枚1枚ダンボールを集めていくのだが、100キログラムは簡単に集められる量ではない。こうして考えると、野宿者の多くがダンボール、アルミ缶を1日集めても「なかなか1000円にはいかない」と言うのはもっともだ。

大阪市の野宿者の数は大体2000人（2015年）と考えられるが、その多くがダンボールや空き缶を集めているということは、大阪市内はダンボールとアルミ缶集めですさまじい過当競争を展開しているということである。近所だけを探していても奪い合いになってしまうので、野宿者（というか労働者）の多くは、歩いて、あるいは自転車で行ける距離なら、競争相手の少ない場所をさがして近畿一円どこでも行く。こうして、20キロメートル、30キロメートルという距離を1日かけて歩き続ける。

ぼくは、釜ヶ崎の反失業連絡会が大阪市中之島で開いた「アルミ買い取り所」の手伝いに一時入って、アルミ缶を持ってくる1日100人ぐらいの野宿者といろいろ話をした。あちこちからアルミ缶を持ってきていたが、一人は「西宮市まで自転車で集めに行く」「自転車で片道3時間ぐらいかかる」と言っていた（それでも、その人のアルミは1000円以下だった）。一方、「穴場」を知っていて4000円分ぐらいドバッと持ってくる人もいた（「どこで集めるんですか！」と聞くと、「それは教えれんわ」と言っていた）。しかし、1000円を超える人はそれほどおらず、平均すると900円程度だっただろう。

ダンボール満載のリヤカー

また、ダンボールやアルミ缶を集めるのは夜が多い。たとえば真夏の炎天下で1日歩き回っていたら、多くは五十代である野宿者は下手をすると熱中症で倒れてしまう。そこで、比較的涼しい夜に探しに行く。逆に冬は、毛布1枚2枚では「寒くて寝られるわけがない」ので、夜のうちに働き、比較的暖かい日中に日なたで寝るという人がいる。また、アルミ缶やダンボール集めは早い者勝ちの面があるので、深夜と早朝に集める場合が多い。そうして、夜中に働いて昼間に公園などで寝る。それを見て、地域の人は「ホームレスが昼間から寝ている。やっぱり怠け者なんだ」と思っているのかもしれない。

こうして、ダンボールやアルミ缶を1日に「大体、10時間ぐらい」集めて1000円程度の収入を得る。これは、時給でいうと100円ぐらいである。「足を棒にして」の大変な労働なのに、時給が100円。そうやって稼いだ金で、安い食堂で食べたり路上や公園で自炊して生活している。多くの人々が野宿者についてイメージする「仕事をするのがイヤ」どころか、とんでもない低賃金重労働だ。ふつう、誰でもこんな割に合わない仕事は好き好んでしない。では、なぜそうするかというと、ひとえに「他に仕事がない」からである。

さらに近年は、野宿者がアルミ缶を集めるのを禁止する自治体が増えた。夜回りで話した一人は、(釜ヶ崎から電車で約50分かかる)富田林市までアルミ缶を集めに行っているが、そこの住民から「出していたアルミ缶がホームレスに横取りされる」という通報があり、警官から直接「やめておけ」と警告され困っていると言っていた。

同様の事例が全国で起こっている。湘南新聞（2006年12月30日）によると、神奈川県平塚、藤沢、厚木市では「資源再生ごみは自治会の財産。無断持ち出しは窃盗罪。警察に通報する」という内容の看板が持ち去りの多い集積所に掲示された。これについて、現地の野宿者の一人は「行政のやり方は、缶を集めている人にとって死活問題だ。この不況で仕事がないのに、空き缶集めができなくなったらどうなる。盗みを働くしかない」と憤っているという（同紙）。熊本市でも、2007年2月に「資源ごみ持ち去り禁止条例」が市議会に提出され、それに対して「熊本ホームレス自立支援の会」と野宿者4人が「改正案は、私たちの生命と生活を脅かすものです」と条例反対の署名活動を行なった（熊本日日新聞、2007年2月25日）。2010年には、京都市でアルミ缶の抜き取りを禁止する条例案が出された。京都弁護士会が配慮を求める要望書を提出し、諸団体によるデモや条例改正に反対する共同声明が出されたが条例は成立した。

　こうした条例は2006年前後から始まり、全国の自治体に広がっている。こうした動きが全国化すると、唯一の収入源を禁じられた野宿者は路上で餓死してしまうしかない。

†究極のワーキングプア

野宿者のかなりが、このようにしてアルミ缶、ダンボール集めをしている。では、それ以外の人はどうしているのだろうか。釜ヶ崎など寄せ場の近辺では、日雇労働の仕事をさがす人がやはり最も多い。その他では、粗大ゴミから使えるものを集め、業者に売りに行ったり、自分で露店を開く人がかなりいる。電車やホームから週刊誌を集めて売るパターンもかなりある。

釜ヶ崎近辺では、90年代後半から路上の露店が急速に拡大し、雑誌、古本、レコード、タンス、本棚、テレビ、靴、新聞、雑誌、ベッド、掃除機、賞味期限切れのパン・弁当など多種多様なものが売られるようになった（左ページの写真）。露店商の人数は400人（2007年）を超えるが、その多くは、あちこちの粗大ゴミ置き場を回る野宿者である。収入は露店によって様々で、1日数百円の人もいれば、少数だが月に10万円近く稼ぐ人もいる。大阪市の公園で暮らす人は、市内各地を自転車で走って晩から朝まで粗大ゴミを集め、それを修理したり洗ったりした上で露店に並べている。靴はクリーナーやクリームで修繕し、包丁は研いで商品にする。こうして、ネクタイ５００円、イス７００円、フライパン２００円、ズボン３００円、電気スタンド１０００円、釣り竿５０００円、充電器１５０円と値付けをして売っていく。その人から聞いたところ、「露店での収入には波があります。特に土日や、雨が降った週は、収入が極端に少なくなります。季節により、ネタの質や売上げが異なります。真夏は日中暑いから、正月直後は客が金を使い果たしたばかりだから客足が遠のきます。１月でも月の中日を過ぎると、特に平日、客の懐が薄くなります。収入が少ないとき、特に梅雨の時期は週２０００〜３０００円なので、食費を切り詰めます。米の蓄えさえあれば、米と玉葱、キャベツ、卵（これらは多少は日持ちするから）でしのぎます。食わない時期もありました。しかし、こんな生活は何週間も続けられるものではありません」。

賞味期限切れの食品が露店に並ぶ

驚いたことに、こうした野宿者の露店から暴力団組員が「場所代」を徴収したとして、大阪府警が「中止命令」を出している。組員ら5人は釜ヶ崎内で露店を出す野宿者ら50人に「ここで商売するなら会費を払え」などと圧力をかけ、月1000〜5000円の場所代を要求していたという（毎日新聞、2000年8月19日）。

当然、こうした廃品回収は競争相手が少ないほど有利になる。大阪府堺市の大泉緑地公園に行ったとき、そこで野宿していた一人は、粗大ゴミで月に10万円は稼いでいると言っていた。この人は野宿歴は15年で当時62歳。テントで猫を15匹飼っていて、えさ代だけで数万円になると言っていた。ただ、これは競争相手が少ないから可能なことで、これだけの収入は大阪市近辺ではまずありえない。

露店以外でよく見かけるのは、銅線回収だろう。電気製品などで使われる銅線コードのコーティングをナイフで削って銅だけ回収する。銅線回収は一日集めて削っても1000円にもならないため、やる人はそれほど多くないが、釜ヶ崎の中では終日コーティングを削っている光景があちこちで見られる。

他の仕事では、たとえば日本橋（電気店街）や梅田で新作ソフトの売り出しの日に徹夜で行列がよくできるが、その行列に並んで「番取り」をするバイトがある。そうした行列では、多くの若者にまじって、見た目にゲームなどしそうにもない五十〜六十代の人々が並んでいる光景が見られる。新作ソフトはネット上などで定価以上に転売されるが、それを扱う業者が野宿者を雇うのだ。しかし、その賃金は、ぼくが直接聞いた人で「一晩並んで1000円」だった。つまり、これも時給100円。もちろん最低賃金法違反である。

報道されたものでは、ダフ屋が「300人以上のホームレスを動員して、プロ野球の開幕戦などの入場券282枚を買い占めた」というものがある（毎日新聞、2003年3月4日）。それによると、ダフ屋ら5人は、東京都内の野宿者を日当3000円で雇い、約101万円分の入場券282枚を買い占めた。販売所には約1000人が並んだが、半数近くが野宿者だったという。容疑者らは購入した通常5900円のチケットをホームページで1万4000円として予約を受け、ダフ屋行為の現行犯で逮捕された。2010年にも「路上で古本を売っているホームレスに声をかけて、新宿の地下街に寝泊まりしている仲間を集めてもらい、日当として1000〜4000円を支払って」、東京ドームの前売り券発売所に並ばせて巨人戦のチケットを購入させ、890枚を転売し、約220万円の利益を得ていたとして、男が逮捕されている（読売新聞、2010年7月8日)。後でも触れるが、野宿者は釜ヶ崎の日雇労働者がそうだったように、様々な不法・半合法団体によって「金を生むコマ」として使われている。

ぼくはあるとき、大阪市の空堀商店街で野宿している64歳の人と会った。ガンになって「大阪市総合医療センター」で生殖器を全部切ったが、転移して最近また手術したと言っていた。今でも下半身が相当痛むという。「生活保護受けなよーってみんな言うんだけどさ、空き缶集めでなんとかやってるから、やれるまでこれでいくんだよ」と言っていた。しゃべり方はむしろ陽気だったが、聞いていて胸がふさがる思いがした。

大阪市浪速区日本橋の夜回りでは、アルミ缶集めをしている76歳の人と会った。働いているとはいえ、さすがに歩きも遅いし「元気」という感じではない。生活保護をとってアパートで暮らすことを勧めたが、その人は「空き缶集めでまだまだ生活できる。人の世話にはならない」と言っていた。76歳という年齢を考えると「終生野宿」と言っているようにも聞こえた。

このように、体の調子が悪くても空き缶集めなどで自力で生きていく、という野宿者は非常に多い。「ホームレスは自助努力が足りない」と言う人が多いが、単に現実を知らないんだろうなあといつも思う。野宿者の「自立」支援という言葉がたびたび使われるが、野宿者の多くは月収3万〜4万円前後という「究極の貧困」の中で工夫をこらして生きている。それを「自立していない人」と捉えるのは無理があるのではないだろうか。中には、マクドナルドなどの廃棄食品を食べて生活しているという人もいるが、実は廃棄食品捜しはそれはそれで一苦労だ。

たとえば、新宿で野宿している五十代の人がこう言っている。「(ダンボールで)小屋を作った後、食糧調達に出かける。今は2人、隣の体の不自由な人とね、2人で組んで阿佐ヶ谷の方まで行っている。1時間20分くらいかかる。足が不自由だからね」「阿佐ヶ谷のコンビニでお弁当を貰ってくるのよ。コンビニのお店の人は散らかさないようにとだけいって黙認してくれている。この頃はお弁当とパンを分けて出してくれている。このお店は今年の2月頃見つけた。それまでは新宿や中野を捜して歩いたね。大変だった。ほんとうに。2時半頃帰ってきて、弁当を仲間に配る。それで、食事して、また寝るの。疲れてるからね。ずいぶん歩くから」(岩田正美『ホームレス／現代社会／福祉国家』)。このように、コンビニの期限切れ弁当を拾ってくるパターンは多い。しかしコンビニによっては「期限切れの食品を食べてホームレスが食中毒などになるとよくない」という（よくわからない）理由で廃棄弁当に砂をかけるようになった。マクドナルドでも、残ったハンバーガーなどを捨てるとき、水を入れて食べられないようにすることがある。大阪の64歳の野宿者が言うように、「残飯をひろうにもキャリアが必要で、誰が行っても拾えるものではない」（『野宿生活者（ホームレス）に関する総合的調査研究報告書』）のである。

いずれにしても、全体として野宿者は「働き過ぎ」なほど働いている。この「働き過ぎ」は、高度経済成長を担った世代のひとつの特徴なのかもしれない。一言でいえば、多くの野宿者は「フルタイムで働いても月収４万円」という究極のワーキングプアである。

†野宿者の寝場所はどこなのか？

２０１２年の厚生労働省全国調査では、野宿場所では河川が最も多く30・９％、都市公園が24・２％、道路が18・３％、駅舎が４・８％である。しかし、夜回りをしていると、墓地、歩道橋の下、歩道橋の上、植え込みの中、屋台の屋根の上、川の堤防沿いなどで野宿している人に会う。一級河川の管轄は「国土交通省」で、公園を管轄する「市公園事務所」と違って強引な排除をすることが比較的少ない。そこで、ここ数年、公園の野宿が減り、河川敷の割合が急激に増えた。河川敷によっては小屋を作って土地を耕作し、農村のような光景が広がるところもある。

野宿を続けるには、公園でテントを張るのが最も暮らしやすいだろう。ダンボールハウスは永続的な住居ではないし、私物もほとんど置くことができない。人間は「身ひとつ」だけで生活できるものではないし、日々寝場所を探し続けるストレスも本当に大変だろう。しかし、後でも触れるが、特に東京・大阪を中心に「公園のテントをゼロにする」ために行政が様々な施策を打ち出し、いまや公園でテントを張ることがほとんど不可能になっている。

また、乗用車で生活している野宿者に会うことはたびたびある。置きっぱなしになっている車や廃車の中で寝ている様子を釜ヶ崎でもよく見かけた。それを見て、ぼくは「雨もしのげるし、路上でダンボールを敷いて寝るよりはずっと快適だよなあ」と思っていたが、実はそうではなかった。

2005年6月の新潟県中越地震で、多くの被災者が寒さとプライバシーを確保す

淀川河川敷に住む野宿者

るために乗用車で寝続け、何人かが「エコノミークラス症候群」によって死亡した。長時間、同じ姿勢でいたために静脈に血栓が生じ、それが肺で詰まって呼吸困難を起こし、場合によっては死に至ったのだ。東日本大震災でも、避難生活を送っている被災者655人の足を調べると約14％の93人からエコノミークラス症候群を示す血栓が確認された（榛沢和彦新潟大助教授による研究。避難所では体をあまり動かさないのでリスクが高まったとされる）。車の野宿は「快適」というのは誤解で、実は大変危険な生活だったのだ。

中越地震でも東日本大震災でも、多くの被災者が体育館などで雑魚寝し、避難生活の中でショック死が続発した。復興庁によれば、東日本大震災の震災関連死の約33％が「避難所における生活の肉体的精神的疲労」が原因だった。被災者からは「（避難所の出入口付近にいたため）足元の埃により不衛生な環境だった」「寒いため布団の中にいることが多くなった。体も動かなくなり食べることも水分も取らなくなってきた」「あったかい風呂に入りたい」「プライバシーがない生活は苦しい」などの声が伝えられた。しかし、これはわれわれがいつも聞いている野宿者の声そのままである。ある意味では、野宿者はいわば「慢性的な被災生活者」である。逆に言えば、震災被災者はいわば「急性の野宿者」なのだろう。

野宿で深刻なのは水とトイレの問題だ。トイレがある公園にいる人は問題ないが、路上でダンボールを敷いて寝ている人は、トイレや水をどうするかを常に考えて行動する。当然だが、大小便を路上でしているとその地域からたちまち追い出しをくらってしまう。多くの人は、朝までとにかく我慢する。そして、朝になってから公衆トイレに行って用をすませる。男の場合は、小便は目立たないところですればまず問題ないが、女性の場合はそうもいかない。最近ぼくが話した女性野宿者は、話がトイレのことになったときに「寝るときは（小便用に）タッパーを持って行く」と言っていた。それぞれが地域に迷惑をかけないよう、工夫をしているようだった。

公園のテントで猫を15匹飼う人の話をしたが、犬や猫を飼っている野宿者にはよく会う。自分が食べるだけで大変なのに動物を飼えるのかなあと思ってしまうが、犬や猫がいると家族がいるみたいで心強くなるようだ。よく、リヤカーの上に犬を乗せて一生懸命押している人を見かける。

釜ヶ崎から自転車で45分ほどかかる大和川の河川敷では、猫を10匹飼っている人がいた。話によると、河川敷に目も開いていない子猫が捨てられているのを見つけて、最多16匹まで飼ったということだった。その人は、「川にはニワトリまで捨てられる」と言っていた。ヒヨコを飼って、大きくなってから始末に困って捨てるのだろう。猫のえさ代だけで月1万円かかるが、アルミ缶を拾ったり工事現場で働いたりしてしのいでいるということだった。他にも、捨てられた犬を40匹飼っている人、捨てられたブタを飼っている人の話も聞くことがある。

テントの内部

実は、犬や猫を飼っている人は、入院したり生活保護を取る時が大変だ。野宿者で特に体調の悪い人には、夜回りで「ぼくたちが救急車を呼ぶから入院しましょうよ」と説得することがある。しかし、どう考えても犬を連れて入院などできるわけがない。

それで、その人は犬を抱いて「こいつがいるから入院はできないんだよー」と涙を流していることがある。それで、「山王こどもセンター」などでその人の飼っている犬や猫を退院するまで預かることもあった。

犬や猫の多くは人間の身勝手で捨てられている。放っておけば餓死してしまうか、犬の場合は保健所に捕獲され殺されるだろう。野宿者はその犬や猫を引き取って、家族のように暮らしている。それは、社会から放置された者どうしの「支え合い」の一つの形なのかもしれない。しかし、動物を引き取った野宿者は避妊手術や狂犬病注射などをするお金があるわけもなく、新たな問題が生まれることにもなる。そうした問題に対応して、川崎市など幾つかの地域では動物保護団体と連携して手術や里親捜しなどの支援を行なっている。野宿者ネットワークでも、動物保護団体と協力して避妊手術や公園での啓発ビラまきなどを行なったことがある。

†野宿者の「住所」はどこなのか?

ところで、野宿をしている人の法的な「住所」はどこになるのだろうか?

テントで暮らしている人の場合、「居住実態」は当然公園にある。だが、行政は公園や路上に住所を置いた住民票の届けを受理することはない（一方、本籍地は「富士山山頂」でも「皇居」でも自由に届けることができる）。実は、住民票がないと、人は「運転免許の更新ができない」「日雇雇用保険手帳を作れない」「就職活動で住所欄に記入ができない」「年金の給付を受けられない」「銀行口座を持てない」「選挙権を持てない」「自転車の防犯登録ができない」など、様々な権利を失ってしまう。このため、ドヤや飯場を転々とする日雇労働者、ドヤにさえ泊まるお金のない野宿者のため、支援団体や支援者個人が自分の住所にその人たちの住民票を置き、郵便物や年金の手続きを手伝う活動をしてきた。

大阪市北区の扇町公園でテント生活をしていた山内さんも、支援団体「釜ヶ崎パトロールの会」のメンバーのアパートに住民票を置いていた。ところが、2004年2月、大阪府警はこの支援者を「居住の実態がないのに虚偽の記載をした」として逮捕した（不起訴処分）。実際には、下宿している大学生が住民票を実家に置いている場合など、住民票の住所が居住実態とちがうケースはいくらでもあるが、支援者がねらい打ちで逮捕されたのだ。

逮捕を受け、区役所は山内さんの住民票を抹消した。別の人の住所に住民票を置くとその人がまた逮捕されかねないので、山内さんは実際に住んでいる扇町公園の住所で区役所に転入届を提出した。区役所はその届けの受理を拒否し、山内さんはこれを不服として提訴を行なった。その結果、大阪地裁は「生活の本拠がある限り、転居届の不受理は許されない」として公園に住民票を置くことを認める判決を下した（2006年1月）。しかし大阪市側は控訴し、大阪高裁は「『生活の本拠としての実体』があると認められるためには（…）単に一定の場所において日常生活が営まれているというだけでは足りず、その形態が、健全な社会通念に基礎づけられた住所としての定常性を具備していることを要する」として逆転敗訴を言い渡した（2007年1月）。

ここでの根本的な疑問は、公園でも支援者宅でもダメと言うなら、山内さん（をはじめとする野宿者）の住民票は一体どこに置けばいいのかということである。2006年には、釜ヶ崎で日雇労働者・野宿者のために住所を設定してきた「釜ヶ崎解放会館」「ふるさとの家」「NPO釜ヶ崎」の3500人あまりの住民票が問題になった（失踪中の福岡県警の元警察官が「釜ヶ崎解放会館」にあった他人の住民票をネット上の裏取引で買い取り、別人になりすましていたことがきっかけ）。大阪市は「居住実態のない住民票を消除する」と宣告し、それに反対する運動団体による市役所前での野営闘争や座り込み、弁護士の反対声明などの反対運動にもかかわらず、2007年3月、大阪市は2088人分の住民票の抹消を強行した。

大阪市、大阪高裁の判断によれば、公園であれ支援者の住所であれ、野宿者は「住民票」を持つこと自体が許されないことになる。これは、ネットカフェ難民など「健全な社会通念に基礎づけられた住所としての定常性」を持てない多くの人々に将来波及してしまう可能性が高く、深刻な問題をはらんでいる。なお、現在、徳島県那賀町ではアザラシの「ナカちゃん」、富山県入善町ではダチョウの「善ちゃん」、三重県名張市では「怪人二十面相」、愛媛県松山市では松山城天守閣の「シャチホコ」、大阪市では2足歩行ロボット「通天閣ロボ」に特別住民票が発行されている。一言でいえば、行政にとって野宿者は「ダチョウ」や「シャチホコ」より気にかける価値のない存在なのである。

†野宿者の健康状態

ぼくは支援活動であちこちの地域や公園に野宿者を訪ねることがある。あるとき、大泉緑地公園で74歳の「痛風」持ちの人と会ったことがある。

入り口の閉まったテントに向かって「釜ヶ崎の反失業連絡会のものですがー」と声をかけると、弱い声で「なにー」とか言っているが、よく聞こえない。断ってテントの中をのぞくと、その人は布団にくるまった蓑虫《みのむし》状態になって「痛風が出てテントから動けない」と言っていた。脱水や餓死の問題もあるので「救急車を呼びましょうか」と言うと（なお、家のある人も痛風の激痛時に救急を呼ぶことは結構ある）、「いや、4、5日で治るんだよ」と言う。持病のようで、対策はあるらしいのだ。たまには釜ヶ崎にも来るというので、「施設なり組合なりに行ってみて福祉の相談してみては」と言うと、「でもまだアルミ集めでやっていけるから、いいよ」と言う。はたから見ていると、そんなこと言っている場合ではなさそうなのだが……。

また、釜ヶ崎から自転車で1時間あまりかかる浜寺漕艇場には、65歳になる人がいた。この近辺で生活苦に陥り、そのまま野宿生活になったという。心臓が悪くて、アルミ缶も他の人の半分くらいしか集められない。ビラを渡して、福祉で生活保護の相談に来ませんかと言ったが、この人も福祉の話には浮かぬ顔だった。

一般に、野宿者は年齢が50歳以上の人が大半で、体の具合の悪い人が多い。多いのは腰痛、足の故障、内臓疾患などだが、本当なら病院や施設で治療すべき状態の人が、真冬でも多数路上で野宿している。言うまでもないが、真冬の野宿は「命がけ」だ。

なぜそれほど体調の悪い人々が路上で寝ているのだろうか。ひとつには、健康保険に入るお金の余裕がないので、病院に行くと実費を払うしかないからだ。実費で病院に行くと、レントゲン1枚で数千円は取られる。そんなお金は当然ないので、多くの野宿者は体の調子が悪くてもひたすらガマンし続ける。ガマンしていると、当然ますます体が悪くなっていく。事実、夜回りをしていると、障害者手帳を持っていてパーキンソン病の人、片目が失明している人、車いすの人、ガンの手術を繰り返ししている人、腰が悪くて歩くのもやっとという人などに次々と会い、初めて夜回りをした人は大きなショックを受けることになる。

そして、野宿者は病気をガマンにガマンして、最後に救急車で運ばれる。そして最後に行き着くのは、最悪の場合「路上死」である。

†大都市の中の「第三世界」

大阪府立大学の研究によれば、餓死や凍死、また治療を受ければ治る病気などによって路上死する野宿者が、大阪市内で2000年の1年間に200人以上いた。「大阪市内の路上や公園などで遺体で発見されるか、病院へ運ばれた直後に死亡した野宿生活者が2000年で213人にのぼり、餓死が17人、凍死が19人もあったことが黒田研二・大阪府立大教授（公衆衛生）らのグループの調査でわかった。（…）発見の遅れも目立ち、高度腐敗、白骨化、ミイラ化が計33例あった。平均年齢は56・1歳と比較的若く、最年少は20歳、最高は83歳。（…）凍死、栄養失調による餓死を含む不慮の外因死は53人。自殺は52人、他殺は少年グループの暴行を含めて6人だった」「研究者たちは「医療を受けていれば命を落とさずに済んだケースも多い」と指摘する」（読売新聞、2001年10月12日）。

この研究を行なった黒田教授と逢坂隆子医師に直接話を聞いたが、たとえば自殺者「52人」という数字は考えられる最小であるという（それでも全国男性平均の6倍にあたる）。死亡者の中には、その人が「野宿者」だったのか、また「自殺」だったのかわからない場合があるが、そのときは数字に入らない。また、救急病院に運ばれてから栄養失調で死亡する野宿者も相当数いるが、その場合も「野宿者」としてカウントされない場合がある。したがって、餓死17人、凍死19人、自殺52人という数字は「明らかにわかっているだけでこれだけ」という数字であるという。

海外の難民問題に関わってきた「国境なき医師団」は、日本の野宿者の医療問題に関わってきた。「国境なき医師団」の先進国での診療所開設は異例であり、日本は本格的な「支援対象国」となった。費用は全額寄付で賄い、医師、看護師、ソーシャルワーカー、事務担当者がひとりずつの計4人でワゴン車に医療器具を積み込み、週2日、公園などに出向いて診療する（医療面のほか、ソーシャルワーカーが住まいの確保や多重債務などの問題についても相談を受ける）。大阪の「国境なき医師団」のメンバーと話したことがあるが、前記の大阪府立大学の研究データを元に「大阪の野宿者のおかれている医療状況は海外の難民キャンプのかなり悪い状態に相当する」と言っていた。いわば、大阪という大都会の中に「第三世界」が広がっている状況である。

１９８６年に釜ヶ崎に来て以来、ぼくは何度か死者の第一発見者になった。これは、ある程度長く野宿者に関わる活動をやっていると避けられない現実である。そして、死者は冬に集中する。なによりもその寒さによって。毎年、釜ヶ崎では「越冬闘争」中の年末から春まで毎日のように夜回りが行なわれるが、そのときに特に亡くなった野宿者に出会うことが多い。２０１０年2月にも、「こども夜回り」で出会った野宿者が、翌日に亡くなっていた。「夜12時半頃、高架下をまわって、寝ているおっちゃんに参加者の人が声をかけた。おっちゃんはダンボールの上にうつぶせで寝ていた。お茶がほしいと言うが、お白湯《さゆ》しかないのでそれでよいか聞いてお白湯を渡した。うつぶせのまま飲もうとし、手も震え、こぼしそうなので、起きて飲めばと言うが、自分では起き上がれないと言う。皆で手伝って座ってもらい、お白湯を飲んだ。喋るのが、おっくうそうなので、あんまりたくさんのことを聞いても悪いかなと思った。少し話をして、特掃のことや名前を聞いた。救急車を呼ぶかを聞いたが、明確な返事がなかったので呼ばなかった。寒そうに震えていたので毛布を渡した。自分で横になるのも無理なので皆で手伝って横向きに寝てもらった。またお白湯を飲めるようにと頭の近くに紙コップを2つ置いて帰った。明日の朝また来て、話を聞こうと思った。次の日、正午前にポットとおにぎりを持っておっちゃんの所に行った。おっちゃんは横向きに寝たまんま、目が開きっぱなしやった。もう既に亡くなっていた。なんで救急車を呼ばなかったのか。もう一度、夜にたずねたら。朝早くたずねていたら。このまま何日もほっとけば危ないとは思ってたけど、12時間後に亡くなっているとは思わなかった。」（こどもよまわりだより「行路死　守れなかった古城さん〔58歳〕の命」　こどもの里職員　杉村次郎　一部略）。

２００４年の大ベストセラー『バカの壁』にはこういう箇所があった。「働かなくても食えるという状態が発生してきた。ホームレスというのは典型的なそういう存在です」「ホームレスでも飢え死にしないような豊かな社会が実現した。（…）失業した人が飢え死にしているというなら問題です。でもホームレスはぴんぴんして生きている。下手をすれば糖尿病になっている人もいると聞きました」。

「働かなくても食える」「ホームレスでも飢え死にしない」、どこからこういう断定が出てくるのか全くわからない。実際には糖尿病の一部は遺伝的要因が大きく、（医学博士の養老孟司氏は知っていると思うが）「食うや食わず」の人でも糖尿病になることがある。糖尿病のために失業して野宿になった人もいるだろう。ぼくは数多くの野宿者とかかわってきたが、「いいものを食べ過ぎて」糖尿病になったという人にはいまだに会ったことがない。

†医療からの疎外

この点でもうひとつよく言われるセリフがある。「ホームレスも救急車を呼べば、先進医療をただで受けられる。豊かな時代だ」というものである。しかし、本当に野宿者は救急病院で先進医療を受けられるのだろうか？

現実には、多くの地方都市の場合、野宿者を乗せた救急車は救急病院になかなか着かない。なぜなら、地方都市の救急病院は、野宿者の場合そうである「行路の福祉」の経験がないため、「どう手続きしたらいいのかわからないから、そんな患者は受けられない」と、救急車からの受け入れ要請を断ってしまうからだ。こうして、あちこちの病院で断られ、野宿者を乗せた救急車は市内をさまよい続ける。最後にはどこかの救急病院に行くが、病院はその場の治療はしても入院は敬遠するため、応急処置のみで路上に返されてしまうことがたびたびである。

そもそも、地方都市では野宿者が「通院する」というシステムが明確には存在しないことが多い。姫路の支援団体「レインボー」の武田英樹さんと話したとき、「ケガをして、いまは入院するほどではないが、毎日ガーゼを交換する必要のある人がいる。福祉で通院が難しいので、どうしたらいいだろう」と相談を受けた。「釜ヶ崎だったら医療センターがあるんですけど……」と答えに窮した。後日「どうなりましたか」と聞くと、「ぼくが毎日その人のところに行ってガーゼを交換しています」と言っていた。地方都市ではこうしたケースがしばしば見られる。

同様のケースが北海道でもある。札幌市の支援団体「北海道の労働と福祉を考える会」に相談に来た五十代の野宿者は、区役所から検診命令書をもらって総合病院で検査したが、最高血圧が２００以上だった。医師は「合併症を引き起こす可能性があるのですぐに治療しなければならない。しかし、入院というほどの状態ではない」と診断した。しかし、病院内の医療福祉相談室は「お金を持っていない人は病院で治療することはできない」と言った。医師は「こんな状態で、真冬に路上で寝泊まりするとどうなるかわからない」と言ったが、その男性は入院を受け入れてくれる病院を見つけ出すまでの約1週間、12月の北海道の寒さの中で野宿を続けた（南部葵「厳寒の地における野宿者の健康問題」『Shelter-less』２００3年冬号所収）。

では、特定の救急病院が野宿者を当然のように受け入れる（たとえば釜ヶ崎がそうなのだが）ことは、いいことなのだろうか？

実は、あまり「よくない」のだ。

野宿者を受け入れる救急病院は、多くの場合、いくつかの特定の病院に固定している（「釜病棟」「行路病院」と言われる）。たとえば野宿者が府内のどこかで救急車を呼ぶと、近隣に救急病院があってもそこは素通りして「行路病院」に直行する。そして、そうした救急病院に入院すると何をされるかというと、たとえばカルテに書かれた診断に全然関係なく、高価な薬を山ほど投与されるのである。この結果、死亡させられてしまう日雇労働者や野宿者が存在する。その代表が、釜ヶ崎近くにある大和中央病院だった。

ぼくは、大和中央病院で日雇労働者が死亡した医療ミス事件について、裁判にずっと関わって完全勝訴したことがある。1989年4月、当時年間8000人近い日雇労働者・野宿者が搬送されていた大和中央病院に、胸痛を訴える釜ヶ崎の労働者が救急搬送され、「肋間神経痛」と診断された。しかし、そのとき実は「狭心症」だった労働者は「狭心症には投薬すべきでない鎮痛薬」を処方されて返された。ドヤに帰った労働者は、夜中から明け方にかけて激痛を訴え、翌朝再度救急車で大和中央病院へ運ばれ、数時間後に心臓を破裂させて亡くなった。その人に病院まで付き添った友人が「絶対におかしい」とぼくたち（釜ヶ崎医療連絡会議）に相談し、遺族のもとを訪ね歩いて委任状を取り、裁判を始めることになった。その裁判の過程で、大和中央病院のカルテ、看護記録類を裁判所の命令によって証拠保全することができたが、この記録の内容はぼくたちの予想をはるかに越えるものだった。

最初の日、患者が訴え、カルテに記載された症状「胸痛、左上腕に痛みが響く」は狭心症に典型的なもののひとつだった。しかし、医師はそれを「肋間神経痛」と誤診した。大阪地裁は、きちんと鑑別診断をし、ニトログリセリンを与えるか、あるいは一晩泊めて経過観察していれば狭心症での死は防ぐことができたと断定した。

次の日、この労働者は「狭心症と結核」の診断で入院する。ところが、大和中央病院の（1日目とは別の）担当医師が投与したのは「出血改善剤」「肝疾患の薬」「消炎鎮痛剤」「脾臓の薬」「抗生物質」「消化性潰瘍治療剤」「消化機能改善剤」などだった。しかし、それらの病気についてはカルテにまったく記載がない。もちろん、この点は裁判で問題になった。

弁護士「なぜ抗生物質を使うように指示したのですか」

医師「推測です、炎症があるんです」

弁護士「どこに炎症があったんですか」

医師「どこというか、体のどこかに炎症があるんです」

弁護士「炎症は全然どこにもなかったでしょう」

医師「そうです」

弁護士「あなたの渡した薬の中で、狭心症に効くものは、どれか一つでもありますか」

医師「その中にはないです」（同前）

こうした「先進国の医療」の結果、すでに心筋梗塞を起こしていた日雇労働者は肝心の心筋梗塞に対する治療を全く受けられず、心臓を破裂させて亡くなった。この医療記録を見た医療関係者は「ごっつい高い薬ばかりやなあ」と言っていたが、大和中央病院は、おそらく日常的に病状に関係なく高価な薬を日雇労働者や野宿者にガンガン打ち込んでいたのだろう。日常的にそういう行為を続け、たまたまこの事件によって明るみに出たのだ。まことに「日本の野宿者の置かれている医療状況は難民より悪い」のである。

1990年12月には、この大和中央病院に対する抗議デモを行なった。ぼくがデモの指揮者になり、大和中央病院でひどい目にあった数百人の日雇労働者、野宿者が集まって、病院前で「院長はあやまれ！」「救急指定を取り下げろ！」と声をあげた。「病院に対する抗議デモ」というものは他では聞いたことがない。

†「野宿者は金になる」

なぜこうした事態が起こるのか。一言でいえば、「野宿者は金になる」からである。野宿者1人が生活保護で入院すると、費用として1年間に約700万円が病院から行政に請求される。NHKが入手した大阪市の内部資料によると、2006年度に生活保護で180日以上の長期入院した人のうち、家のない人は3866人。そのうち372人は、実際には入院治療の必要のない人だった（NHKテレビ、2007年2月9日）。行路病院にいたある医師がこう言っている。「自宅のある人は、転院先の地域が限られるため、「トレード」しにくい。その点、ホームレスだった人たちは、どこに転院させようが、見舞いの人が来ることもないから便利です。しかも、生活保護の患者は、自分で医療費を負担しないから、どんな治療を受けているかに関心がないし、文句を言わない。だから病院側は、患者の状態と関係なく、好き勝手に治療や検査ができる」（NHK取材班『逸脱する病院ビジネス』2010年）。

大阪市でも、野宿者について通院だけの医療扶助は原則として認められていない。その結果、体調をとことん悪くして路上や簡易宿泊所から救急搬送で入院する人が年間2524人（2011年）もいる（1998年には1万9641人だったから、それでも大幅に減っている）。福祉事務所の窓口で門前払いされる人でも、救急入院ならただちに生活保護が適用されるからだ。

事実、大阪では野宿者の急増に伴い、90年代後半以降に一般病院から行路中心の経営に切り替える病院が目立って増えた。読売新聞の原昌平氏によれば、「大阪市内とその周辺には、住居のない広義のホームレス状態の人を含めて生活保護の患者を多数受け入れる病院が、近隣府県まで含めて40～50ほど存在する。これらの病院は「行路病院」と呼ばれている（非公式の用語）。患者の大半は二～三か月ごとに転院を繰り返している。転院するのは、入院期間が長引くと入院基本料が段階的に下がること、病院ごとの平均在院日数によって入院基本料のランクが変わることなど、診療報酬制度による病院の経営上の理由である。そうした患者の数は以前に比べると減少したが、（大阪市内の野宿者を担当する）業務センターの扱う患者だけで800人程度、市更相で200人余り（2012年3月時点）にのぼる」（「医療問題の改革」『脱・貧困のまちづくり「西成特区構想」の挑戦』２０１３年）。朝日新聞の取材によると、行路病院の事務長たちは診療報酬を高く保つ目的で連絡をとりあって患者をぐるぐると転院させ続ける。そして、転院するとそのたびに胃カメラや肝エコーといった検査をやり直す。なかには、1年3カ月で9回転院し、1人で９５０万円の医療費が使われた人、3年半でのべ90の病名（！）をつけられ、２０００万円の診療報酬が支出された人もいる。

大阪市が、生活保護の患者が入院している２００の病院を調査すると、２００９年11月からの3カ月間、患者全員が生活保護受給者だった病院が34あった。こうした方法で事業展開したのが、１９９７年に入院患者への虐待、看護職員の水増しによる診療報酬の不正受給など様々な不正行為・犯罪が明るみに出た大阪市の安田病院および系列3病院だった。事実、ぼくたちが夜回りで出会った人が入院してお見舞いに行くと、こうした現実を目の当たりにする。本当に3カ月おきに行路病院を転々と移り、そのたびに「検査漬け」になっているのだ。

２００９年7月には、奈良県大和郡山市の「山本病院」の理事長（院長も兼任）と事務長が詐欺容疑で逮捕された。山本病院は、入院患者の6割が生活保護による医療扶助を受け、病院に入院していた生活保護利用者45人のうち、大阪市内にいた野宿者が15人もいた。

入院患者に病状説明をするとき、理事長は、心筋梗塞や狭心症などの症状がなくても心臓カテーテル手術を強い口調で促し、整形外科の手術で入院してきた患者にも「術前検査だから必要」と説明して心臓カテーテル検査を行なっていた。カテーテル手術では、1回で60万以上の診療報酬が病院に入る。また、理事長はカテーテル納入業者からひと月に200万円のリベートを受け取っていた。

山本病院の心臓カテーテル手術は年間約300件で、同規模の病院の80件程度と比べ、明らかに突出していた。複数の専門医がカルテや手術の記録映像を確認した結果、記録が残る患者116人のうち98人に行なわれた心臓カテーテル手術や検査が「不必要」と判定された。しかも、入院が1カ月を超えると診療報酬の加算がなくなるため、山本病院は何度もタクシー運転手に、入院していた生活保護利用者を大阪市内などに放置（！）するよう依頼していた。

山本病院について、繰り返し告発の声が寄せられ、病院への検査が行なわれたが、実態を暴くことはできなかった。問題の一つは、行政のチェック体制の不備だった。あるレセプト審査の担当者はこう言っている。「実際に申請通りの診療をやっているかどうかは、紙の上では絶対にわからない。悪意を持って意図的な形で請求をあげられると、見抜くことには限界がある」(『逸脱する病院ビジネス』)。

†貧困を再生するビジネス

さらには、まったく体が悪くない野宿者や日雇労働者を「スカウト」して入院させ、空きベッドを埋めて診療報酬を稼ぐ病院さえ存在する。支援団体「釜ヶ崎パトロールの会」によると、JR大阪駅や新今宮駅近くの路上で「広島に行かないか。病院で診察を受け、仕事ができないことにしていたらいい。毎月たばこ代も出す」と言って誘い、新幹線のチケットを渡して広島に連れて行くという。体はどこも悪くないまま本当に入院し、胸や腹部などの検査を受け、毎週薬をもらい続け(!)1年近く入院する。最後は退院し、新大阪駅まで連れてこられ、「ここで解散」と言われたという。「釜ヶ崎パトロールの会」が聞き取りした結果、こうして入院した人が少なくとも60人確認された。入院先は10カ所近いが、これらの病院は事実上のグループを形成している。また、野宿者をスカウトした団体はNPO法人の認証を受けていた(朝日新聞、2003年6月24日)。

野宿者が退院したあとのアフターケアの問題も大きい。ぼくは夜回りで、「去年ガンの手術を2回やり、今年また1回やった」と言う74歳の人と会ったことがある。台車を押してダンボールを集めているが、歩くのもやっとで、1日500円にもならないようだ。このような人がなぜ野宿しているのか。

この人は、釜ヶ崎近辺の行路病院で手術していた。普通の病院なら、こういう人がそろそろ退院という時期になると、病院のケースワーカーがやってきて「○○さん、そろそろ退院だけど、行くところはありますか？　ないんだったら、施設を探すか、生活保護でアパートに入るかしませんか？　相談に乗りますよ」と言うだろう。

しかし、行路病院の多くにはそもそもケースワーカーがいない。その結果どうなるかというと、病院は入院患者に対して、たとえば「あなたは明日退院です」と言う。これは、「さようなら。後はお好きに」という意味である（「あなたは今日退院です」とその日に言われた、という話も聞いた）。福祉事務所も、「この人は退院して生活保護を切られたら、それからどうするのか」という問題はまったく考えない。そこで、その患者は退院と同時に生活保護を打ち切られ、野宿を始める。退院したてでは日雇労働など行けない。そこで、その人は野宿を続けて体調を崩し、そのうち再び救急で入院する。こうして、病院と野宿の往復を繰り返し、病院が儲かるのである。

こうした驚くべき事態は医療に限らない。これは、「豊かな国」の中で、野宿者を対象にして貧困を再生産し続ける「貧困ビジネス」である。

†なぜ生活保護を受けられないのか

野宿者の医療問題は、生活保護の問題と切り離して語ることができない。

夜回りでは次のような人に出会うことがよくある。

・70歳で足の調子が悪い人がいた。相談に来てくれるように連絡先を渡す。

・57歳で事故の後遺症の神経痛のために仕事がほとんどできないという人がいる。

こういった同じようなケースでも、70歳か57歳か（正確には60歳より上か下か）で対応がまったく異なる。

よく知られているように、生活保護制度は「生活に困ったときは、その原因が何であろうと、生活保護法の定める要件にあてはまるときは、無差別平等に保護を受けることができます」（無差別平等の原理／生活保護法第2条）をその原理として持っている。しかし、野宿者が福祉事務所に相談に行くと、たいていの場合こう言われて追い返されていた。「あなたはまだお若いじゃないですか。まだ働けるでしょう」「あなたには住む家がないじゃないですか。住所のない人には生活保護はかけられませんよ」。行政は長年、アパートなどへの生活保護の適用は「住所があって」「65歳以上」の人に限るという方針を採ってきた。実は、これは法律的根拠がまったくないただの「慣例」である。住所があって収入がなくなった人については保護をかける（はず）なのに、住むところさえ失った野宿者には生活保護を拒否するという、わけのわからない対応が今までまかり通ってきた。その結果、「仕事には行けないし、生活保護も受けられない」という「五十代で体のどこかが調子の悪い人」が日本の野宿者の大多数になった。

野宿問題の深刻化とともに、こうした根拠のない違法な制限に対して批判が集まり、野宿者の生活保護適用について裁判が起こされた。1993年、両足に障害を持ち、求職しても仕事が見つからず名古屋で野宿を続けていた日雇労働者の林勝義さん（当時55歳）が、「軽作業ならできる」という判断で生活保護の申請を認められなかったことに対して提訴を行なった（一審で勝訴。その後、公判中に林さんが死亡）。1998年には、釜ヶ崎の日雇労働者、佐藤邦男さん（当時65歳）が市立更生相談所にアパートでの生活保護を申請したが、市更相が一方的に施設への収容を決定したことに対して提訴し、佐藤さんの勝訴が確定した。そして2002年、ついに厚生労働省は通達「ホームレスに対する生活保護の適用について」で「居住地がないことや稼働能力があることのみをもって保護の要件に欠けるものではないことに留意し、生活保護の適正な実施に努めること」と通知した。

しかし、この通達にかかわらず、依然として多くの福祉事務所は「あなたはまだ働けるでしょう」「住所のない人には生活保護はかけられません」と大嘘を並べて、申請書すら出させずに追い返しを続けている。議会で堂々と答えているように、「居住地のないままの状態では、居住実態の把握ができないことから生活保護を利用することはできないのが現状です」（2006年3月3日　群馬県高崎市議会　保健福祉部長の答弁）。こうした事態に対し、日本弁護士連合会は「ホームレスの人々は、野宿生活を余儀なくされ、生活の基盤を失っているのであるから、法による援助の必要性は緊要であるにもかかわらず、「六五歳未満で稼働能力がある」、「住居がない」といった理由で、生活保護から根こそぎ排除するような明らかに違法な運用が各地で行われている」と指摘した（2006年10月「貧困の連鎖を断ち切り、すべての人の尊厳に値する生存を実現することを求める決議」）。

最後のセーフティネットである生活保護が機能しないと、失業などで困窮した人はどうなるのだろうか。最近しばしば指摘されるのは、セーフティネットの最後の受け皿に「刑務所」がなっているということだ。食いつめた結果の「不法」行為ということである。以前、夜回りで会った人は、体が悪いので仕事ができず、ネットカフェで泊まり続けてお金がなくなった。最後は、無銭宿泊をして店から警察を呼んでもらった、と言っていた。しかし、警察は「困っているなら元いた住所の区役所に行け」と言って、その人を放り出した。実際には、元の住所の役所に行っても、「野宿の人はウチでは扱えない」と言われるだけだから、警察の言うことはまったくの無意味だった。この人は、釜ヶ崎の医療センターで「入院」の指示を受け、別の病院へ入院した。しかし、病状が悪化し、数カ月後に病院で亡くなった。もっと早い段階で医療にかかることができれば助かったのではないかと思う、残念な例だった。

†サラ金と福祉事務所のタッグ

しかし、生活に困窮しても「刑務所に行く」こともできない人はどうするのか。いよいよ明日からもう野宿するしかないとなると、多くの人は兄弟や友だちのところに借金に行く。最初は相手も同情してお金を貸してくれるが、借金も2回、3回となると、当然それも段々難しくなってくる。そして、多くの人はどうするかというと、消費者金融に行く。

実際、夜回りなどで野宿者に話を聞くと、「消費者金融に借金がある」と言う人がかなり多い。たとえば、「ホームレス自立支援センター北九州」が調査したところ、入所した208人中62%にあたる128人が多重債務を抱えていた。2005年に名古屋の「笹島寮」で個人信用情報チェックを取り入れて調査した結果、入寮した野宿者の70%強が多重債務者だった（なお、2012年の厚生労働省ホームレス全国調査では「金融機関や消費者金融などへの借金」が「ある」人は18・7%で、まったく実態を反映していない。借金を解決するためならともかく、単なる調査で見知らぬ人に本当のことを答えるわけがないからだ）。

実際には、債務返済の催促が5年以上ない場合は「時効」を主張すれば債務は帳消しにできる。時効が成立しておらず、借金残高が大きい場合には「自己破産」の申し立てができる。そのようにして解決できたはずの債務問題をひきずったまま、多くの人が野宿に至っている。

ぼくが2007年に夜回りで話した六十代の野宿者も、「武富士に50万、アイフルに10万借金があって、利子がふくれあがっているから生活保護は無理だ。以前は会社にもガンガン電話が来て、「お前の姉の住所を調べるぞ」と脅された」と言っていた（大阪で野宿者の法律相談を行なった小久保哲郎弁護士が同行しており、「それは時効になっていいます。大丈夫です」と説明していたが……）。なお、債務問題に詳しい宇都宮健児弁護士によると「多重債務になって夜逃げした人は、十万人以上とみられます。夜逃げすると住民票を移せない。そのため定職につけない、健康保険に加入できないなど困難を抱えホームレスになることを余儀なくされている」「生活保護の窓口の壁は高く、ヤミ金融の方が身近に貸し出す社会は異常だ」と指摘している（しんぶん赤旗、2005年10月3日）。小久保哲郎弁護士によれば、「いわば、サラ金と福祉事務所がタッグを組んで、「ホームレス」やその予備軍を次々と生み出している」（「消費者法ニュース」第59号）という状況である。

生活保護の適用は各地域によってかなり基準が異なる。大阪市の野宿者の場合、現実には「60歳以上では稼働能力を問わない」「60歳未満については、病気や障害のある人のみ」という基準が暗黙裏にあると考えられる。ここでは、70歳と57歳の人のケースを挙げた。70歳であれば、アパートの生活保護申請が（他に大きな問題がなければ）ほぼ通る。しかし、57歳の場合、入院するほどの病状でない限りは生活保護の申請は非常に難しい。60歳未満の野宿者は、一言でいえば「60歳になるか、入院するまで野宿を続ける」しか選択肢がない。

60歳未満で「仕事はできないが入院するほどでもない」という人のための施設は依然として存在しない（シェルター、自立支援センターなどの施設はあるが、この問題については後で触れる）。こうした施策の不十分さのため、いまも路上で多くの人々が行く場所もないまま野宿を強いられ続けている。

（これは2007年時の生活保護をめぐる状況である。2008年の「年越し派遣村」以降の変化については補章で触れる）

註

（1）藤井さんは、2006年12月に生活保護でアパートに入った。「リヤカーに150キログラムのダンボールを積んでも、それを坂道で引くことがとうとうできなくなった」ための決断だった。

（2）心斎橋など繁華街での夜回りで、顔見知りの野宿者から「この周辺には女性野宿者が何人かいる、しかし、夜は目につかないところに寝ているらしい」という話を聞くことがあった。しかし、夜回りをしてもそういう女性に会うことはまずないので、どこにいるんだろうと不思議に思っていた。

その後、明石家さんまの『恋のから騒ぎ』（日本テレビ）を見ていると、さんまに「ロバ」と命名された二十代の大阪の女性が登場し、かつて泊まるところがなくなって、ナンバ近辺で1曲10円（！）で歌を歌って小銭を稼ぎ、夜中は節約のために野宿していたとトークした。さんまが「女が野宿しとったら危ないやろが」と言うと、彼女は「だから茂みの中とかで寝てた」と言っていた。

茂みの中！　われわれも夜回りでそこまでは探さないので、彼女と出会うことがなかったのだ。

第3章　野宿者襲撃と「ホームレスビジネス」

†若者による野宿者襲撃

夜回りでは野宿者に関わる様々な問題に出会うが、その問題を大きく分けると３つある。ひとつは、今まで触れてきたような高齢・病気などの「健康・医療」問題、そして行政や民間による「排除」、そして主に少年グループによる「襲撃」である。

２００６年、火炎ビンによる野宿者殺害事件が大きく報道された。２００５年10月、姫路市の河川敷で野宿していた60歳の雨堤《あまづつみ》さんが中学、高校生たち４人に、生活していた橋下の金網の中に火炎ビンを投げつけられて焼死した（犯人逮捕は２００６年）。雨堤さんは足に障害があり逃げ遅れたらしい。

少年4人は、以前から現場付近で野宿者に嫌がらせを繰り返していた。10月22日未明、彼らは投石や鉄パイプで金網をたたくなどの嫌がらせを開始。ビールビンなどで作った火炎ビンは計4本で、このうちリーダー格の高校生が投げた1本が発火して雨堤さんに燃え移った。高校生は京都の高校に在学しており、事件後の卒業式では卒業生代表として「人としても思いやりを見失わず、凛《りん》とした姿で生きていくことが必要だと思います」という内容の答辞を読んでいた。食事などの世話をしていた近くの男性によると、雨堤さんは姫路で配管工として仕事をしていたが、家賃を払えず路上で生活するようになった。他の野宿者は「自分も火炎ビンや石を投げつけられることがあった。雨堤さんはもの静かな人で、けんかをするような人ではなかった」と話した。

ほとんど報道されないが、野宿者への襲撃は日本全国で日常的に起こり続けている。野宿者襲撃の公的統計は存在しないが、報道から確認すると、2002年と2003年にはそれぞれ少なくとも6人の野宿者が襲撃によって殺された。2003年のケースを挙げると、

「さいたま市大宮のスーパー前の広場で男が次々と寝ている人を殴ったり蹴るなどの暴行を加え、4人が軽傷、72歳の大久保さんが頭を殴られ間もなく死亡」

「東京世田谷大蔵の公園で中学3年の男子生徒が寝ていた60歳ぐらいの男性をナイフで刺し殺害」

「水戸市の橋下で高校3年の男女4人が野宿者の頭や顔に暴行を加え殺害」

「名古屋市の港北公園で野宿者2名が公園で寝ていたところ、数名の若者に1時間くらいにわたり暴行を受け、うち1人が死亡」

「16歳の無職少年2人が江東区亀戸の旧中川河川敷で、64歳の野宿男性を無理やり川岸に連れて行き、顔面を殴り、川に飛び込めと命令、石や鉄板を投げて川の深みに追い込み殺害」

「静岡市清水地区で野宿生活をしていた井上さんが死亡し、日系ブラジル人の22歳と17歳の若者2名が傷害致死容疑で逮捕」

その後2012年も愛媛、神奈川、神戸、京都など全国で野宿者への襲撃が続いた。2月には、東京駅近くで野宿していた60代の女性が火をつけられ、下半身や手をやけどする重傷を負った。報道では、逮捕された18歳の若者は「火がついて慌てる姿を見るのが楽しかった」と言ったとされる。

そして同年10月14日、大阪駅近くで府立高校1年生など5人の少年たちが67歳の富松国春さんを殴る蹴るのあげく殺し、58歳、80歳、73歳の野宿者を暴行の末に病院送りにし、その他の多くの人にケガを負わせる事件が起こった。襲撃のようすは、彼ら自身が動画をスマートフォンで撮影しており、その詳細が裁判で報告された。

午前3時ごろ、少年たちは富松さんを見つけた。BがDに「こいつ、きのうのヤツん?」「そうやな」。(少年たちは前日の10月13日にも富松さんを襲撃しケガをさせている。)

まず、殴る格好をして威嚇し、「あん、なんだよ。めっちゃ臭い」。富松さんは上半身を起こした。

Dが富松さんの上半身と顔を殴った。富松さんは「助けて、助けて」と声をあげた。C「『助けて』と言った時、富松さんは立ち上がろうとして、蹴られて、それから顔をガードしていた」。

Bは横たわった富松さんの頭部と背中を蹴った。BとDとAの3人で蹴った。

Dは腰を10回蹴った。このとき、富松さんは右を下に半身の姿勢になり、ダンボールを頭にかぶせた。

Aは飛びながらダンボール越しに頭部を10回踏みつけた。このとき、富松さんは意識を失う。

B、幅跳びのようにジャンプして頭部を踏みつける（靴底文様の皮下出血が起こる）。

D、支柱に手をかけて4回頭を踏みつける（靴底文様の皮下出血が起こる）。D、尻を蹴る。

少年たちは「失神してる」と言い合う。

撮影していたCがDに代わり、C4回尻を蹴る。富松さんはいびきをかき始める。C「いびきをかいているので、起こしてみようという話になった」。

Bは富松さんをあおむけにして殴り、あごを踏みつける。

「死んだんちゃう？」と少年たちは笑いあう。

その後、通行人が富松さんを発見し、119番通報する。救急車が到着した時点で富松さんは心肺停止の状態だった。富松さんを解剖した医師によれば、「頭部に打撃が集中していた。脾臓にも損傷がある。側頭部、顔部の皮下出血、筋肉内出血、くも膜下出血。高度の脳浮腫。死因は頭部外傷によるくも膜下出血。頭部が揺れ、脳の血管が切れ、脳浮腫により脳が圧迫され、呼吸機能、循環機能が阻害されたと考えられる。小脳の出血が致命的だったと考えられる。富松さんの頭部には、少年たちの靴底の文様状の皮下出血がいくつも見られた。これはかなり珍しい現象で、相当に強い衝撃だったと考えられる」

こうした死に至るような襲撃は文字通り氷山の一角で、その他に無数の襲撃が起こり続けている。2014年、NPO法人「もやい」など都内の支援団体が6〜7月に新宿、渋谷、池袋、上野などの野宿者347人に襲撃体験について聞き取り調査を行なった。襲撃についてのこうした大規模な調査は日本では初めてだ。その結果、野宿者の40%が被害経験があると答え、22人は襲撃が「よくある」と答えた。襲撃人数は2人以上が75%で、「物を使った暴力」では水入りのペットボトルや空き缶、石などを投げる、鉄パイプでたたく、花火を打ち込む、荷物に火をつける、などのケースがあった。

ぼく自身、夜回りで何百という襲撃の話を聞き続けてきた。その内容は、殴る蹴る、エアガンで撃たれる、ダンボールハウスに放火される、消火器を噴霧状態で投げ込まれる、花火を打ち込まれるなど様々だ。ぼくが今まで聞いたなかでも驚かされた話は、「寝ているとき、眼球を突然ナイフでグサッと刺された」というものだった。その人は、すぐ救急車で運ばれ手術を受けた。失明はまぬがれたが、視力は極端に落ちてしまったという。寝ているところを中学・高校生ぐらいの若者3～5人に襲われ、殴る蹴るのあげくあばらを4本折られた人もいた。入院している病院にお見舞いに行ったが、その人は怒りが収まらず、最初は何を言っても返事が返ってこないほどだった。

†襲撃は夏休みに集中する

襲われた野宿者が警察に訴えても、残念ながら対応はあまりよくない。北九州では「警察が、ホームレスからの（襲撃）被害の訴えに対して4割弱しか対応していない。訴えに対して「あんたがそこで寝てるから悪い」と言われた、という事例も報告されている」（『ホームレス自立支援――NPO・市民・行政協働による「ホームの回復」』）。

野宿者襲撃には、全国で共通するいくつかの特徴がある。一つは、それが多くの場合、十代の少年グループによって起こされるということ、そしてそれが「夏休み」や「冬休み」に一気に増えるということだ。たとえば、野宿者ネットワークが夜回りしている大阪市内の日本橋でも、2000年代の「夏休み初めごろ」に非常に深刻な襲撃が起こっていた。たとえば2001年の以下の連続襲撃である。

2001年7月19日

朝4時頃、日本橋の路上でガソリン類を使った野宿者への放火。本人の話によると、「アルミ缶を集めて疲れて寝ていた。気づいたら、股が火に包まれて燃えていた。「ヒャハハハ」という高い笑い声が聞こえた。とにかく燃えているズボンとパンツを脱ぎ捨てた」。その後、救急搬送で入院する。担当医師に確認したところ、陰部、両下肢の火傷で全身の10%。大体2度の火傷だが、10%のうち2%（手のひら2枚分ほどの範囲）は3度、つまり重傷。

また、この前後にもう一人の野宿者がやはり下半身に放火されている。だが、その人は転げ回っているうちに火を消すことができたという。

同年7月29日早朝

日本橋で3度目の野宿者への放火。リヤカーで寝ているところへ全身にガソリン類をかけて火をつけたらしい。現場近くで野宿している人たちに聞いたところ、朝6時頃、「ああー」というすごい声でびっくりして外へ出てみると、火のついた状態でSさんが走ってきた。あわててみんなで水をぶっかけたり布団でくるんだりして火を止めた。

担当の医師によると、全身35%の火傷、18%は3度の火傷、救命できるかどうか危ぶまれるという。

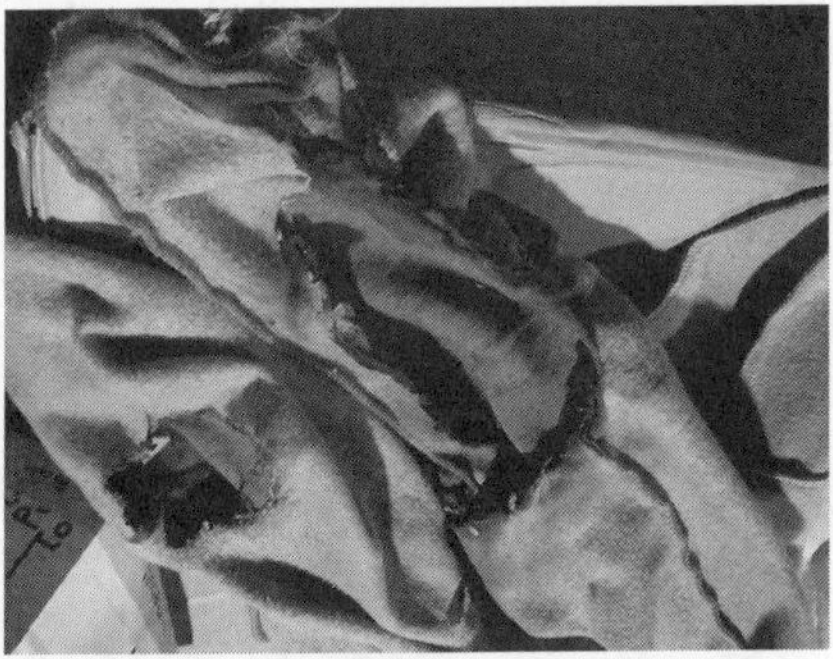
放火により穴があいた野宿者の衣服

7月29日の放火襲撃の現場は、ぼくの夜回りの担当区域だった。新聞で事件を知って搬送先の病院を確認し、31日にお見舞いに行ってきた。病院に行くと、その人はまだ救急病棟にいた。火傷による痛みがあまりに強いので、薬で意識を抑えられて話はできる状態ではなかった。

この日、襲撃にあったその人の様子を見て、

「犯人は完全に殺す気でやっている」ということがわかった。顔、胸部、腹部、下半身、すべてが焼けただれていたからだ。人間は皮膚の3分の1以上を火傷すると普通、死ぬ。つまり、これはいたずらというレベルでは全くなかった。

この人の場合、「全身35%の火傷」なので非常に危険な状態だったが、救命に成功した。臀部の皮膚は再生しやすいので、自身の皮膚をはがして別の箇所に移植する。その手術を繰り返し、火傷のあとを再生して回復にこぎつけることができた。1年半後に退院したが、「障害1級」の認定を取得し、介護者の手を借りて生活する状態になった。

入院中、何度もお見舞いに行ったが、重度の火傷とショックのために言葉が不自由になり、見舞いに行っても沈黙が続いた状態だったことを思い出す。

†無視される襲撃事件

この2001年の連続放火については、29日の全身への放火だけが読売新聞の地方版に小さく載った。そして、犯人はまだ捕まっていない。

この連続放火事件は、一言でいえば「大阪市の繁華街で無差別の殺人未遂事件が起こった。3件連続で起こり、犯人は逃走中」という事件である。このような事件があれば、普通はトップニュース扱いの報道がされるのではないだろうか。しかし、この事件は小さな地方記事ひとつだけで終わった。これはなぜなのか。その理由としては、「襲われたのが野宿者だから」以外にどうしても思いつけない。

野宿者に対する襲撃は、社会的にあまりに無視されている。2002年1月には新宿中央公園で爆弾が爆発し、公園に住んでいた53歳の野宿者が左腕と左脚を吹き飛ばされる重傷を負った。爆弾は、消火器に火薬を詰めてニクロム線で乾電池につなぐ仕組みで木箱の中に入れられていた。この事件の直後、どこのテレビ局でも爆弾を作った犯人のプロファイリングを熱心にやっていたが、こういう場合に必ず言われる「被害にあわれた方の様態が心配です」という言葉は、ぼくが見ていた限り誰も言っていなかった。それどころか、コメンテーターのひとりは「こどもや女性がさわっていたら大変なことになっていましたねえ」と言っていた。野宿者の手足が吹き飛ばされたのは、その人にとっては「大変なこと」ではなかったらしい。

なお、よく誤解されることだが、野宿者襲撃は日本だけでなく世界各国で発生している。たとえば、The National Coalition for the Homeless（NCH）はアメリカの野宿者襲撃に関する詳しいレポートを毎年公表しているが、それによると1999年から2013年までに全米で375人のホームレスが殺害されている（うち10%が女性）。そして、襲撃者の48%が十代以下、85%が二十代以下の若者である。その内容を見ると、「若者が野宿者の頭部を暴行し続け、頭蓋骨が粉々になった」「いきなり銃で撃ってきた」などがある。それを読むと、アメリカの野宿者襲撃の激烈さは質量ともに日本の比ではない。

野宿者への襲撃行為については、いくつかの要因が考えられる。襲撃を行なった少年たちは、「ホームレスは臭くて汚く社会の役にたたない存在」「無能な人間を駆除するって感じ」などと言っている。襲撃する若者たちの野宿者への偏見は、一般の大人たちの言う「働こうと思えばできるのに働こうともしない」「野宿になったのは努力が足りなかったからだ」「こどもにとって危険な存在」といった見方を突き詰めたもののように思える。

ぼくは中学生、高校生に野宿者に関するアンケートを取ることがあるが、そのなかで「家の人から野宿者について何か言われたことはありませんか」と質問することがある。すると、「話しかけられても無視しなさい」「目を合わせてはいけない」「あんな人になりたくなかったらもっと勉強しなさい」「ホームレスは働きたくないからああしてなるんだ」といった答えがたびたび返ってくる。たとえば、障害者について「話しかけられても無視しなさい」「目を合わせてはいけない」などと子どもに教えるようなことがあれば、社会的に大きな問題になるに違いない。しかし、野宿者についてはそれが普通に行なわれるという現実がある。

野宿者ネットワークの夜回りで、リヤカーでダンボール集めをしている七十代の人から聞いた話で、「時々ジュースをあげていた小学生の女の子が学校から〝ああいう人とつきあってはいけません〟と注意されて、以前のように仲良くできなくなったのが寂しい」というものもあった。ある野宿者は、「石を投げるのは子供たちかもしれない、けれども大人は直接手を下さないだけで、実際には同じことをやっている」と言っていた。襲撃する少年たち（襲撃者には大人も少女もいるが）が抱えているだろう内面的問題ももちろん重大だが、よく言われる「いのちの大切さ」や「少年の心の闇」以前に、一般に浸透している野宿者への偏見・差別を解消しなければ襲撃を阻止することはできない。

†いじめの論理、野宿者襲撃の論理

一方で、野宿者襲撃の一つの特徴は、「いじめ」との強い共通性だ。家庭裁判所調査官研修所監修『重大少年事件の実証的研究』(2001年)によれば、「集団で凶悪事件を起こした少年」(ここで検討された事例には野宿者襲撃事件も含まれる)の多くには共通した傾向が見られた。ひとつは、「家庭」「学校」「友人関係」の中で「自分に自信が全く持て」ないという傾向である。そのため、「親から見捨てられたり、友人から仲間はずれにされてしまうのではないかなどと思って」「過度に仲間に同調」する。その上で「優位に立って他人に攻撃を加えることで、低下していた自尊感情が高まるように思えるようになって、次第に暴力に親しんでいった」。少年事件のこうした背景は、おそらく「いじめ」のそれと多くの点で共通している。

「いじめ」の問題は、若者による野宿者襲撃の際にしばしば言及される。「集団の力による個人＝弱者への暴行」という点でそれは共通するからだ。その意味で、いじめが「学校内虐待」だとすれば、野宿者襲撃は「学校外虐待」として一対の関係にあるのかもしれない。

アメリカでは、襲撃への対策としてNCHの「ホームレス問題の話し手と向き合う事務局」（Faces of Homelessness Speakers' Bureau）の取り組みが行なわれている。これは、学校に支援者とホームレス当事者（あるいは経験者）を招いて、クラスで授業をするというものだ。話し手は、自分の野宿経験を生徒たちに話し、生徒からの質問に答える。こうした交流によって、野宿者への偏見を打ち破り、野宿者一人ひとりの人間性を生徒に示していく。現在、NCHは1年に約三百のプレゼンテーションを持ち、聞き手は高校生を中心に総計18万人に達したという。襲撃に対処するには、野宿問題の授業、特に当事者と生徒との交流が重要だということである。

日本では、神奈川県川崎市の取り組みが注目される。1995年、川崎市でも野宿者襲撃が多発し、支援団体「川崎水曜パトロール」が川崎市教育委員会との交渉を行なった。そして、教職員向け「啓発冊子」の作成、市内の180校全部（市立の幼稚園、小・中学校、及び市立と県立の高校）への冊子の配布と学校への市教委の指導、「襲撃防止ホットライン」（24時間365日電話）の設置、その他、路上への訪問を含めた学校での授業、いくつかの学校での生徒会討論、学校の授業での川崎水曜パトロールの会による講演といった取り組みが実行された。川崎市では、こうした教育現場での取り組みの結果、野宿者への襲撃がそれまでの半分以下にまで激減したと報告されている。

２０１２年以降には東京都墨田区で襲撃が頻発し、野宿当事者と支援団体が墨田区と何度も話し合った結果、２０１４年の夏休み前に区内全ての小中学校で「野宿者を知る」授業が行われた。この取り組みの結果、墨田区内の夏の襲撃件数は２０１２年の28件、２０１３年の20件から２０１４年の３件へ激減した。教育現場の取り組みは野宿者襲撃に対して明らかに劇的な効果を持つ。

しかし、日本ではこうした「野宿問題の授業」はほとんど行なわれていない。襲撃が多発し、地方都市でも殺害事件がたびたび起こっているなか、教育現場の対応は明らかに遅れている。

現実には、こどもたちが野宿問題を学ぶ機会は、現場の支援者によって作られている。釜ヶ崎では「こどもの里」と「山王こどもセンター」で、こどもたちが野宿者を訪ねる「こども夜回り」が行なわれている（「山王こどもセンター」では通年月１回、「こどもの里」では越冬期に週1回）。こどもたちはおにぎりを作り、学習会に参加し、路上の野宿者をたずねておにぎりを渡していく。そして、今まで話したことのなかった野宿者と様々な交流を持つ。

ぼく自身、学校教員とのつながりやホームページ（http://www1.odn.ne.jp/~cex38710/class.htm）を通して、2001年から全国の小中学校や高校で400回近い「野宿問題の授業」とのべ1万人近い教員への研修を行なってきた。日本では最も多く学校での授業を行なっているだろう。連続授業の場合は、野宿当事者に教室に来てもらい、生徒とやりとりをしてもらうようにしている。

2008年3月には、フリージャーナリストの北村年子さんたちとともに「ホームレス問題の授業づくり全国ネット」（代表理事　生田武志　北村年子）参加の呼びかけを始めた。現在、この略称「HCネット」には、教育関係者、ジャーナリスト、支援者、野宿当事者など460人（2015年）が参加し、メーリングリストなどによる情報交換を行ない、授業のセミナー、教材用ビデオの制作、教育委員会への要請、授業実践や講師紹介などを行なっている。2008年は東京で、2009年、2014年は大阪で100人近くが参加する「ホームレス問題の授業づくりセミナー」を行なった。2009年には、1年間かけて撮影・編集を行なったDVD『「ホームレス」と出会う子どもたち』を発売した。釜ヶ崎の「こどもの里」が行なう「こども夜回り」、野宿している鈴木さんのダンボール集め仕事のようすなどを収録した本編30分と、応用編45分が収められている（内容解説の他に「小中学・高校用モデル学習指導案」などを収めた52ページのガイドブックを同封）。

２０１１年５月には、この「ＨＣネット」が対応する形で、岐阜県の中津川市立第二中学校の３年生１６３人が研修旅行で釜ヶ崎へ来た。３年生全員がフィールドワークを行ない、「ふるさとの家」「特別清掃事業」「こどもの里」など様々な施設に行き、夜には夜回りに参加した。釜ヶ崎にやってきた生徒たちは、初めて見る釜ヶ崎のように「道路で寝ている人たちがこんなにいる！」「同じ日本で、どうしてこれほど貧富の差があるんだろう」と驚いていた。生徒の一人がこう書いている。

「私は大阪研修旅行に行くまでは、野宿者が数え切れないくらいいるとは思いませんでした。萩ノ茶屋駅をおりて、自分の視界に入ってくる周りの景色に私はあ然としてしまい、少しの間しゃべることができませんでした。ダンボールやかさを囲い、毛布を体に巻き付けて眠っている人、中には堅いコンクリートの上で何もしかずに眠る人までいました。その姿は研修前に見たビデオとまったく一緒でした。私の家には、よく野宿者の方が「食べ物をください」と言って来ます。なので、どんな生活をしているか少しは分かっていましたが、ここまでかわいそうというか、見るこちら側も心を痛めるような生活をしているとは思いませんでした。ホームレス（野宿者）の方のための病院やアパートを見ました。それを見て私はうれしく思いました。野宿者以外の人は野宿者の人を冷たい目で見ます。そんな人の中には、支援をしてあげようと温かい心を持っている人がいたのが分かったからです。私はまだ中学生です。でも将来は大人になります。そしたら、ボランティアとして野宿者の方を支援していきたいです。野宿者の方を支援する心の温かい人がもっと全国に増えるといいと思います。」

深刻な野宿者襲撃事件が起こると、しばしば「こどもを夜に出歩かせるな」「ホームレスはシェルターに入れろ」ということが言われる。しかし、若者と野宿者をそのように「隔離」しても、問題が本質的に解決することはない。主に十代の少年によって行なわれる野宿者襲撃は、いわば「若者と野宿者の最悪の出会い」だと言えるだろう。その問題を解決するためには、野宿を強いられないですむ社会を作ることと同時に、若者と野宿者との「襲撃」というかたちとは「別の出会い」を作り出すことが必要だと思われる。「こども夜回り」や「野宿問題の授業」は、そうした「野宿者と若者の出会い」を作る試みのひとつだと言える。

†野宿者はどのように金儲けに使われているか

２０００年代以降、夜回りで、野宿者に声をかけて金儲けに利用する「ホームレスビジネス」の話を何度も耳にするようになった。夜回りで聞き取った情報には次のようなものがある。

・「株券を買う保証人になってくれ」ということで、３０００円で本籍地、住所、氏名を教えた。「あとで5万円渡す」と言っていたが、その後まったく連絡なし。浪速署に被害届を出した。
・浪速区のスパワールドのあたりで複数回、偽装結婚を勧められる。中国人女性と結婚するという話。
・ミナミでは、男女一組でやってきて「１０００円あげるから住民票をとりなさい」と言って来るグループがある。
・釜ヶ崎のセンターのあたりで「戸籍を売らんか」と声をかけられることがある。五十代の人がよく声をかけられる。

これらは、「戸籍売買」「偽装結婚」の例である（戸籍については、実際に「3万円で売った」という人に出会うことが時々ある）。こうした勧誘に乗るとどういうことになるのだろうか。2002年1月、大阪市の公園で野宿する二十代の男性が知らない男から「仕事があるんやけど」といきなり声をかけられた。申込用紙を渡され、本籍地や生年月日、名前などを書いた。その後、その男性は知らない間に面識のない3人と養子縁組が繰り返され、ロシア人女性と結婚させられていた。新しい名前で消費者金融などに140万円以上の借金があった上、自分名義でマンションを購入し、2000万円以上の銀行ローンが組まれていた。同様の手口にはめられた計9人が、延べ35人との養子縁組や婚姻の無効確認などを求める裁判手続きに入った（朝日新聞、2004年11月11日）。

この場合、入手した野宿者の個人情報によって、本人の知らないうちに健康保険証などを作り、消費者金融などから借金を繰り返す。貸金業者のブラックリストから逃れるため、養子縁組をして野宿者の名字を変えては別の人のようにして借金を重ねていたらしい。

このように、「仕事があるよ」「アパートに入れるよ」と声をかけ、野宿者を使って荒稼ぎをする「裏ビジネス」が激増している。かつて、日雇労働者をヤミ手配師やヤミ金融屋が利用してきたように、いま野宿者が様々な裏稼業の「金を生むネタ」として使われているのだ。

特に、野宿者に声をかけて自分の管理するアパートで生活保護を受けさせ、保護費の多くをピンハネするビジネスは、支援者によって「囲い屋」（囲い込んで搾取するという意味）と命名されている。具体的には、「業者」（「ボランティア」とか「支援団体」を名乗っている！）が夜回りをして「アパートに入って生活保護を受けられるよ」「今のうち行かないと生活保護を受けられなくなるよ」と野宿者をスカウトし、アパートに入居させ、法定限度一杯の家賃（東京5万3700円、大阪3万9000円）で生活保護を申請する。アパートといっても、元は飯場のような建物に二段ベッド、そしてカーテンで仕切られているだけの個室という場合も多い。申請が通ると、役所から家賃プラス約8万円程度の生活費が月々おりる。業者は、アパートに集めた元野宿者から月々に受給する生活費をピンハネし、本人には月に1万円程度の「お小遣い」しか渡さないようにする。

元野宿者としては、野宿していたところを、まがりなりにも「部屋に住めるようにしてくれた」という恩を感じているので文句が言えない。文句を言ったら、追い出されてまた野宿になるのではないかという恐怖がある。そもそも、「業者」が元野宿者に恫喝をかけていたりする。そうして生活保護費が、本人が逃げ出すかあるいは死ぬまでピンハネされ続ける。家賃が毎月4、5万円入り、さらに敷金礼金も行政から20万円以上も出るので本当のぼろもうけである。夜回りで聞き取った話には次のようなものがある。

・ミナミでは、生活保護を勧める不審な団体があるらしい。3、4人で制服を着て地下街に週2、3回、夜8時半から9時の間にやってくる。アパートは奈良で、一人はそこから逃げ出してきたが、ガリガリにやせていたという。
・生活保護を勧める不審な団体に動物園前で声をかけられ、支部のマンションでひと晩泊り、飯を食べた。しかし、行き先が福岡と聞いて逃げてきた。同様の話は天王寺近辺でも多くの人が聞いて知っている。
・4、5日前、男女2人組に「生活保護を受けられるよ。体が悪くなくても1カ月入院してからアパートに入るようにする」と声をかけられる。

・「生活保護業者に声をかけられ生野区の4畳半のアパートに入る。権利金が50万円と言われ、月々返却を迫られた。食事は350円が朝晩2回、自分の小遣いは月に4000円のみ。あまりにひどいので逃げてきた」という話。

・天王寺公園で悪徳NPOが頻繁に活動している。自転車で声をかけ、掛かったら即自動車に待機している仲間の女が引きずり込む。

不思議なのは、われわれ支援者が「現状の行政の対応ではこの人の生活保護は難しい」と判断せざるをえないような比較的若くて体も悪くない野宿者が、これらの「業者」の手にかかるとあっさり生活保護が下りてしまうことである。野宿者をスカウトして入院させる業者の話をしたが、悪徳業者と医師、そして福祉事務所の間に裏の関係でもあるのではないかと疑いたくもなる。

こうした団体には、北海道から沖縄まで全国展開している組織もある。そのひとつでは、大阪の日本橋で野宿者に声をかけ、最初は福岡に連れて行き、最終的に那覇市のアパートに入居させた。大部屋で生活させ、小遣いは月に数千円という極悪非道な方法だったので、ひとりが必死にお金をためて大阪に逃げ帰ってきた（２００７年）。先の夜回りで聞いた話に「行き先が福岡と聞いて逃げてきた」とあったが、同一団体である可能性が高い。

ぼくが夜回りしている大阪市の日本橋では、「生活保護を受けさせる」と連れ出され、兵庫県西宮市のアパートに入れられた人がいた（２００３年）。１カ月間に１万２０００円しか渡されなかったが、最近は全く金を渡されなくなったので逃げ出して日本橋でまた野宿している、その建物にはまだ10人ぐらいいるはずだ、と言っていた（その人は体調も悪く、釜ヶ崎であらためて生活保護を受けることになった）。

あまりに問題なので、野宿者ネットワークのメンバーで西宮市の福祉事務所に話を聞きに行った。あらかじめ電話を入れて福祉事務所に行くと、２人の職員が待ち受けていた。その職員がぼくたちに言うには、「わたしどもは、確かに本人さんに生活保護費を渡している。そのあと、本人さんがその金を誰に渡そうと、わたしどもの関知するところではない」というお答えだった。

もちろん、こちらは「それはおかしい」といろいろ話をしたが（「放っておいたら、おたくの市の福祉がどんどん食い物にされるぞ！」）、最後まで福祉事務所の答えは変わらなかった。ひとりのメンバーが問題のアパートを見に行ったが、普通の民家をアパートに改造した建物で、驚いたことに入居者のひとりは自転車で空き缶集めをして帰ってきた。自分の自由になるお金が少ないので、生活保護を受けているのに空き缶集めをしているようだ。

2013年には、大阪市内で管理している約70棟のマンションやアパートに約2000人の生活保護受給者を住まわせ、生活保護法の上限以上の家賃を取り、年間で約4000万円をだまし取ったとして4人が逮捕されている。4人は西成区などで野宿者に声をかけ、アパートに受給者として入居させ、賃貸保証金名目などで金を取っていた。収入は年2億円を越していたというが、それにしても2000人！　大阪近辺の野宿者の大半がここに吸い込まれていたのではないだろうか。ぼくたちが夜回りで情報を聞いた「業者」の多くはおそらくこのグループだったはずである。

また、福祉事務自らが積極的に、こうした「ピンハネビジネス」を利用しているという現実がある。たとえば埼玉県では、野宿者が福祉事務所に生活保護を申請すると「無料・低額宿泊所」（社会福祉事業法で言う「生計困難者のために、無料又は低額な料金で、簡易住宅を貸し付け、又は宿泊所その他の施設を利用させる事業」）を紹介することが多い。2014年、さいたま市を中心に「無料・低額宿泊所」で入居者から生活保護費を集めて大半を搾取し、判明分だけで2年間で約1億7000万円を稼ぎ、納付すべき所得税の99%以上を脱税していたと72歳の元会社社長が逮捕された。元社長は宿泊所を約50カ所経営し、そこには少なくとも330人が入居していた。保護費は毎月、職員によって全額徴収され、入居者自身が使えるのは2万円程度。宿泊所は1人あたり2畳半ほどで、食事はカップラーメンやレトルト食品などだった。この容疑者は政治団体の代表を務め、国政選挙にも3回出馬しており、問題の宿泊所は「世の中のためにやっていることだ」と主張した。

本来は、生活保護を申請したあとは希望があれば一時施設などに入り、本人が不動産屋をまわって自分の住む物件を決めればそれが一番いいはずだ（大阪などではそれが一般的）。しかし、福祉事務所の対応が不充分だと、この手の「無料・低額宿泊所」を安易に頼ってしまうことがある。この事件について、反貧困ネットワーク埼玉は「一部自治体は宿泊所と悪い意味でのもたれ合いの関係になってしまっている」と批判した。

「ホームレスビジネス」は他にも様々な形で行なわれている。「換金できない手形をつくるために設立した70以上のペーパー会社の代表に野宿者らを据えていた」(朝日新聞、1997年1月25日)、「中国の5つの空港から覚せい剤など約1~7キロを密輸しようとして退職者、失業者やホームレスら日本人13人が現行犯で捕まった。「日本で知らない男から30万円で覚せい剤密輸を持ちかけられた」などと話している」(毎日新聞、2003年12月14日)、「ホームレス数人に携帯電話を渡し、呼び出しては偽札を配って自販機などで使わせ、釣り銭は一部を除き、ホームレスから受け取っていたとして、2グループ12人を逮捕。未使用の偽札約2300枚を押収し、約1440枚の使用を確認した」(中日新聞、2005年5月19日)、「詐欺グループの一人がホームレスの戸籍を使い、商社幹部と偽って横浜銀行、東京三菱、みずほ、UFJの各行で、住宅ローンの融資金をだまし取った。約2年間で計約160件の被害があり、総額は約50億円に上る」(読売新聞、2005年9月14日)、「上野公園で、ホームレス向けの炊き出しボランティアに参加し、ホームレス男性に「生活の面倒をみてあげるから」と持ちかけて、不法残留の韓国人ホステスの偽装結婚の夫役になるよう依頼し、約300組を仲介し約3億円の報酬を得ていた」(毎日新聞、2008年7月11日)、「ホームレスに数百円から1000円を渡して聞き出した個人情報を使い、区役所から少なくとも100人分の健康保険証を取得し、銀行で口座を開設して通帳300通、携帯電話100台を詐取した。振り込め詐欺グループに渡り、口座などが利用された可能性がある」（時事通信社、2010年5月20日）、「横浜市のホームレスや生活保護受給者など約50人が不自然な養子縁組を約260回にわたって繰り返させられ、中には1人が同じ日に複数の縁組をしている例もあった。容疑者は「携帯電話を契約して売ったり、銀行口座を作って通帳を売却したりするため、名前を変える必要があった」と供述」（産経新聞、2010年12月8日）など。

こうした貧困ビジネスは、一般の人には信じられないほど広まった。2010年から釜ヶ崎で借金などの法律相談を受けている「大阪クレジット・サラ金被害者の会」には、こうした被害の相談が2014年までに100件近く寄せられている。

こうした状態のため、夜回りをしても、こちらが「貧困ビジネス」側の人間と思われ、なかなか信用されなくなってきた。以前は「夜回りに来るのは悪い人間じゃないだろう」という前提があったが、最近は「夜回りに来るのは悪徳業者」と思われている。夜回りで「生活保護を受けられますよ」と言っても「そういう話は要らない」、「病院に行きましょう」と言っても「病院なんか行っても仕方ない」と返され、さらに「以前、生活保護を受けたが、そこがいかに悪徳だったか」という話を延々とされたりする。「おまえたちには騙されないぞ」と言いたいようだ。貧困ビジネスは「セーフティネットの綻び」につけ込んだ産業と言えるが、同時に被害者の人間や社会への信頼を壊して「誰も信じられない」状態に追いやってしまう。

つくづく思うのは、「悪い奴らは頭がいい」ということだ。金儲けをするビジネスは後を絶たないし、それを監視すべき行政もあまりあてにならない。結局、支援団体ががんばって野宿者と信頼関係を作り、「戸籍を使った仕事の話や悪徳業者の生活保護の話に気をつけよう!」と注意を呼びかけるしかないようなのだ。

第4章　野宿者の社会的排除と行政の対応

†野宿者は地域住民からどのように排除されているか

夜回りでは、初めて参加した人に野宿の現状や事件について解説しながら歩くことがある。そのとき、市民や行政によって作られた「野宿者排除」のための建造物について説明することが多い。

１９９０年代以降、街中に「排除」物件が増殖した。次ページの写真①は釜ヶ崎近くの高架下。ここに寝ていた野宿者を追い出したあと、このようにフェンスが張られた。

また、②の写真は釜ヶ崎の中にある市営住宅。ここにあった店舗が廃業したあと、野宿者がよく寝るようになり、それを追い出すためにこうした囲いが作られた。「ここまでやるか」と驚かされる徹底した作り方だ（それでも、横で一人寝ているが）。③の写真は浪速区の市営住宅の周囲に作られた「置き石」（動かせないように固定されている）。これによって、人が座り込むことを阻止している。

東京でも同様の建造物が見られる。池袋西口公園にある異様なベンチ（写真④）。このすぐ横にある東京芸術劇場では、夜になると多数の野宿者がダンボールを敷いて寝ているが、ベンチがこのような形なので、ここでは絶対に寝ることができない。こうした建造物は、多くが行政によって作られる。とはいえ、そこに地域住民の強い意向が反映していることは間違いない。事実、野宿者の排除は、しばしば地域住民によって先導して行なわれる。ある意味では、野宿者襲撃はその最も直接的な例だと言える。

†市民の排他性

地域住民からの排除運動は、野宿問題が全国に広がった2000年以降、さまざまな地域に波及した。その最大の例は、2000年に起こった大阪市長居公園のシェル

①釜ヶ崎近くの高架下

②野宿者を排除するための柵

③住宅街に設置されている置き石

④池袋駅西口のベンチ

ター建設反対運動だった。当時400人以上が野宿していた長居公園について、大阪市は3年限りの480人規模のシェルター建設計画を8月に発表したが、これに対して公園周辺の住民から非常に強い反対運動が起こった。

住民団体は市長宛に要望書を提出したが、その中には次のような内容の文面があった。「仮設一時避難所が建設されて多くが入居したとしても、彼らは日中から公園内を徘徊することにかわりはなく、（…）とくに野宿生活者が行なう目を覆いたくなるような行動などがなくなる保障はどこにもありません」「青テントはそれほど遠い過去からのものでなく、多くが1997年以降に集中したものです。したがって野宿生活者には居住権など、いかなる権利も存在しないはずです。仮設一時避難所に入居させることは、彼らの不法占拠を行政が追認し、それを合法化するものです」。

大阪市は住民に対する説明会を16回開いたが、住民は「施設を作れば不法占拠を認めることになる」として納得しなかった。大阪市は2000年11月15日にシェルター建設に着工しようとしたが、約50人の住民が資材搬入ゲートを取り囲む反対行動を行ない、着工が阻止された。11月22日、大阪市は480人の職員やガードマンを動員し、午前4時前から資材搬入口に「人間の壁」を作って入り口を確保し、住民とのにらみ合いの中で工事を強行した。

こうした「自立支援施設」への反対運動は、特にホームレス自立支援法の施行（2002年8月）以降、続発した。事実、野宿者対象のシェルター、診療所、自立支援センターなどの建設が発表されると、必ずといっていいほど地域住民から反対運動が起こる。2004年には、神奈川県川崎市で行政の自立支援宿泊施設の建設が地域住民の強い反対にあった。新聞取材に対し、住民の一人は「娘（5歳）の通学路も考えないと」と言い、住民による「再検討を求める会」代表は「新しい施設が設置されれば地価下落にもつながる。土地を銀行担保にしている中小企業にとって、資産価値の下落は大きい」と訴えた（毎日新聞、2004年1月）。同年、埼玉県川口市では個室100室の「安行《あんぎょう》自立支援センター」が、群馬県高崎市では「自立支援や就労に向けて職の斡旋をする」92人収容の宿泊所が、「通学路の治安は大丈夫か」「生活環境が破壊される」といった地元住民の反対によって計画を撤回させられた。

地域住民による反対運動には、明らかに野宿者に対する強い偏見がある。そこでは「通学路の治安は大丈夫か」と、野宿者がこどもに暴力を加えるかのようなイメージが常に語られる。だが、野宿者襲撃がそうであるように、ほとんどの場合、野宿者はこどもから危害を加えられる側である。1999年には「長居公園でジョギング中の女性がホームレスにレイプされ自殺した」という2件のレイプ事件のうわさが広まった。このうわさは広範囲に広まったため、地元の東住吉署が事実確認に走り回った。その結果、うわさに根拠はまったく見あたらず、警察はこれをデマと断定した（読売新聞、1999年2月15日）。外国人労働者が急激に増えた90年代初め、関東、中部地方で外国人による集団レイプのデマが広がったが、それと同じように、「ホームレスは女性やこどもに危害を加えている」というレッテルが貼られたのである。2000年のシェルター建設反対運動は、こうしたデマを信じた住民心理を背景に行なわれていた。

当然のことだが、単に施設建設に反対し続けても野宿問題は全く解決しない。地域住民、野宿者の多くにとって最も望ましい解決は、「就労対策」などによって野宿者がアパートなどに入居できる生活に戻ることのはずである。しかし、残念ながら住民の運動がそうした方向に向かうことは多くない。「自分の近所にホームレスがいなくなればそれでいい」という発想がほとんどなのだ。

ただ、シェルター建設に反対する長居公園の住民の要望書には、「国に対して特別雇用対策事業などを強力に働きかけ、雇用対策と野宿生活者問題とを連携させた永続的な施策」についても触れられていた。しかし、長居公園のシェルターは、国際オリンピック委員会の大阪市視察を前にして、スタジアムのある長居公園からテントを一掃しようとする場当たり的なものだった。行政がシェルター建設のような中途半端な対策を続けるため、野宿者と住民の間に不必要な軋轢が生じ続けていたのだ。

†野宿者は行政からどのように排除されているのか

２００６年５月２日、ぼくが夜回りをしている日本橋公園（大阪市浪速区）で、大阪市の天王寺公園事務所によるテントの破壊が行なわれた。

朝９時すぎ、公園の野宿者から「天王寺公園事務所がテントを壊し始めている」と電話が入った。駆けつけると、公園事務所から20人ほどの職員が来て、１軒のテントを破壊、撤去して次のテントを壊そうとしているところだった。最初に壊されたテントの人によると、「雨が降っていたのでテントの中にいると、いきなりテントが壊され始めた。てっきり襲撃かと思った。外を見ると、役人が「つぶす」と言ってきたので、「ちょっと待てや」「昼からやれ」と言ったが、公園事務所は無視してテントを壊

大阪市の閉鎖された公園

し続けた。それで、着の身着のままでテントを逃げ出した。食料、コンロ、鍋、下着など、生活必需品がほとんど捨てられた」。

公園に着いて、公園事務所の職員に「テントを壊すな」と大声で抗議したが、責任者の施設管理担当課長は「うるさい」「不法占拠物件を本人に承諾書をとった上で撤去するだけだ」と怒鳴り返してきた。野宿者ネットワークのメンバーがもうひとり到着し、「違法行為は止めろ」と言うと、課長は「訴えるなら訴えてみろ。そんなことをすれば誣《ぶ》告罪《こくざい》で訴え返す」と怒鳴り返してきた。ひとつのテントは住人が不在だった。「本人がいないのだから帰ってくるまで待て。生活に必要な物まで撤去するのか」と言ったが、公園事務所は無視し、本人不在のままテントをすべて破壊した。中の物品はただちにゴミとして廃棄されたが、その中には現金や友人の遺骨もあったという。

公園事務所がテント破壊を続行するので、みんなで火事場のように大あわてで生活必需品を持ち出し始めた。何人かの支援者、他の公園の野宿者が駆けつけ、車を借りて生活道具を運び出し始めた。一方、公園事務所の職員たちはテントをすべて破壊、廃棄し、跡地に杭を打ってロープを張り、「立入禁止」の札をかけて立ち去った。

壊されたテントは４つ、追い出されたのは５人。ひとりは生活保護でアパートに入ることになったが、他の３人は行き場所がないので他の公園に引っ越しするしかない。不在だったひとりは５時頃帰ってきて、当然だが大変怒っていた。その人は「公園を離れると公園事務所に負けたことになる」と言って、しばらく公園内でダンボールハウスを作って野宿を続けた。その後、ひとりで公園事務所の職員たちを呼び出して糾弾することもあったという。なお、この公園の野宿者と近隣住民との関係は良く、公園の掃除も毎日行ない、近所のマンションの住民の犬を夜の間テントで預かったり、逆に住民がテントの人の犬を散歩させたりという交流があった。事実、テントの強制排除のあと、住民のひとりはぼくたちの前で「やり方がひどすぎる」と憤っていた。

†行政の「マッチポンプ」

なぜ、このような強引なテント破壊が行なわれたのだろうか。

2006年の2月末、日本橋公園に公園事務所の職員数人が現われ、「3月末には公園から出て行ってもらわないと困る」と通告してきた。公園で工事などがあるわけではなく、単に「不法占拠だから出ていけ」という理由だった。その後も繰り返し通告を行ない、次々とテントの住人に撤去の「承諾書」を書かせていく。承諾書を書いたひとりは「公園を出ても行く場所はないから書きたくなかったが、寒いなか、4、5人に40分近く取り囲まれて「不法占拠だから出て行け」と強く言われ、書かないと許されない雰囲気だった」と言っていた。

夜回りでこの話を聞き、「行政のやり方は一方的すぎる。公園を出ても行くあてがない」という声を受け、天王寺公園事務所に抗議文を出し、全国の弁護士有志の連名によって「不当な排除を止めろ」という申し入れを大阪市に行なった。さらに、4月には大阪弁護士会の人権擁護委員会に「人権救済申し立て」を行なった。にもかかわらず、天王寺公園事務所は居住しているテントの強制排除を行なったのだった。

この2006年には、1月30日に大阪市の靭《うつぼ》公園・大阪城公園でテント撤去の行政代執行が行なわれている（行政代執行とは行政上の強制執行の一種）。これ以降、釜ヶ崎近辺の公園で「行政代執行」という手続きを省略して、「承諾書」を否応なしに書かせて形式上「本人の同意のもとに」撤去するという手法が急速に進められる。この方法で、10近い公園の50軒前後のテントが撤去させられた。そして、「世界陸上」が開催される長居公園での立ち退き期限が2006年12月31日に切られ、2007年2月5日に再び行政代執行によるテントの撤去が行なわれた。個人的には、「2006年は排除の年だった」と感じるほどである。

野宿者の強制排除でよく知られた最初のものは、1996年の新宿の「動く歩道」問題だろう。1月24日、東京都は新宿への都庁移転に伴いJR新宿駅西口地下通路に約13億円をかけて200メートルの「動く歩道」を設置するため、路上のダンボールハウス約200人分を撤去した。抗議する野宿者、支援者を引きずり出して公園まで運び、支援者のうち3人を逮捕、2人を「威力業務妨害罪」で起訴した。この強制排除は朝のテレビで生中継され、大きな論議を呼んだ。そして、この新宿の排除以降、全国で「行政代執行手続き」によるテントの撤去が続発する。名古屋市の若宮大通公園（1998年）、大阪市の今宮中学校脇道路（1998年）、北九州市の勝山公園（2000年）、名古屋市の白川公園（2005年）などである。

2010年には、東京都渋谷区が宮下公園で行政代執行を行なった。渋谷区は年間1700万円の10年契約で宮下公園の命名権をスポーツメーカー「ナイキジャパン」に売却し、公園改修工事のため行政代執行を行なった（2015年、「男性を強制退去させたのは違法」とする東京高裁判決が確定）。その後、渋谷区は2013〜14年、2014〜15年の年末年始、宮下公園など3公園を昼間も含めて完全封鎖し、例年行なわれている炊き出しなどを事実上排除している。2012年2月には、東京都江東区が竪川河川敷公園の小屋と住人の荷物を行政代執行で撤去した。東京は2020年のオリンピックを控えている。大きな国際的イベントが迫ると強引な野宿者排除が行なわれるというパターンを考えると、今後も「何が起こるかわからない」状態が続くだろう。

テントの強制排除は、追い出された野宿者の生活そのものを脅かす。追い出された野宿者は、より生活しにくい危険な場所へと移動することになるからだ。2002年には、仙台市の西公園に住んでいた六十代の男性と七十代の女性が市職員の退去指導によって公園から追い出され、河川敷の茂みにブルーシートで小屋を作った。そして同年7月、その小屋が台風6号による川の増水で濁流にのみ込まれて流された。その男性によると「寝ていたら、あっという間にテントごと川の流れに飲み込まれ、とにかくそばの木にしがみついた。このまま死ぬのだろうと思った。Sさんは目が不自由なので、彼女が濁流に飲み込まれないように必死に助けを呼んだ。たまたま通りかかった人が救急に連絡してくれた。レスキュー隊がヘリコプターから浮き輪がついた鈷のようなものを2回、3回と打ち込んでくれて助かった。私たちは助け合って西公園で生活していたのに市役所の人が出ていけと言ったのでやむなく河川敷に行ったが本当にひどい目にあった」（今井誠二「排除は問題解決を遅延させる」『Shelter-less』2005年冬号）。

行政によって追い立てられて危険な場所に移った野宿者を、今度は行政がヘリコプターを使って救い出す。それは、今井誠二（仙台夜まわりグループ）が言うように行政の「マッチポンプ」である。

そもそも、公園などから追い出されても、野宿者は他の公園や路上で寝るしかないのだから、何の問題の解決にもなっていない。引っ越しをさせられ、新たな場所で生活をやり直さなくてはならない野宿者が苦しいだけである。行政は「不法占拠」を理由に野宿者を排除しているが、「不法」を言う前に、行政自身が憲法第25条「すべて国民は、健康で文化的な最低限度の生活を営む権利を有する」あるいは生活保護法を遵守して、「究極の貧困者」である野宿者に最低限度の生活保障を行なうべきではないだろうか。

†自立支援センターの限界

排除にあたっての行政の基本姿勢は「野宿者は公園で生活するのをやめて、シェルターか自立支援センターに入りなさい」というものだった。全国のいくつかの公園にできたシェルターは、ベッドひとつ分＋αの大きさの部屋に24時間滞在することができる。しかし、その多くは食事は白飯1回だけ、そして利用期間も数カ月と限られている。したがって、なんらかの事情がない限り、シェルターに入ろうとする人はあまりいない（その後、こうした形態のシェルターは消滅した）。

「自立支援センター」は、野宿問題に対する行政の「切り札」と言うべき施設である（2013年度で9自治体、22施設、定員2000人弱）。2015年現在も、五十代までの（いわゆる）稼働年齢の野宿者が生活保護の申請に行くと、たいてい「自立支援センターに行って仕事を探してはどうですか」と強く勧められる。大阪の場合、自立支援センターを選ぶと、週に1回の面接日を待ってそこから舞洲《まいしま》にある自立支援センターに向かい、ここで3〜4週間過ごす。だが、ここでは就職活動はできない。「施設でやっていけるかどうかを判断する」という趣旨で、ひたすら規則正しい生活を続ける（この無為な生活に疲れ果てて逃げてしまう人もいた）。そこから市内などの自立支援センターに向かい、入所者はそこで原則3カ月、最大6カ月生活しながらハローワークに通う。ただ、自立支援センターの多くは「2段ベッドの10人部屋」という居住状態で、設備やプライバシー確保の面で利用者に生活上のストレスを与えていると指摘されている。また、自立支援センターでは禁酒を強いられ、外出規制や門限もある。(1)

しかし、アルコール依存などの病気があるのならともかく、なぜ一般に禁酒を強いられ、共同生活や外出規制、門限などの行動の制約がされるのだろうか。一般の生活困窮者に対して、「生活保護」ではなくこうした施設への入所を迫るようなことをすれば、重大な人権侵害として問題になるだろう。これらの規則は、自立支援センターが「野宿者専用の矯正施設」の面を持つことを示している。

さらに、最大6カ月（原則は3カ月）の期限内に自立支援センターから仕事に就いた人（就労退所）の割合は20％（2009年度）、33・4％（2010年度）だった。トータルでも、就職した人より「期限が来て退所した」「無断退所した」人の方が多い。そして、うまく就職できる人は、当たり前だが「若くて使える資格のある人」に集中する。野宿者の多くである「五十代で体のどこかが悪い」人については、自立支援センターの意義はそれほどない。

強制排除の際、行政は「テントを捨てて自立支援センターに入所して自立せよ」と迫り、多くのマスコミも、自立支援センターに入らない野宿者は「自立の意志がない」「自由がない施設を敬遠している」と繰り返し報道する（普通、「自由がない施設」は誰でも敬遠すると思うが……）。それについて、長居公園で野宿していた一人が行政代執行の際の「弁明書」でこう言っている。

「マスコミ報道などでは、私たちは「代替住居として自立支援センター入所を勧めてきたのに応じていない」などと、いかにも我儘で、好き好んで野宿生活を続けているかのように書き立てられています。しかし、これは全くの誤りです。私は3年前まで調理師として働いていましたが、失業が原因で野宿生活を始めました。万策尽き果てて、飯を食うために止むを得ず、生まれて初めてゴミ箱に手を入れようとしたとき、私がどれほど躊躇したか、あなた方に分かりますか。生きるために必死だったからこそ、それができたのです。決して好き好んでできることではありません。それでも何とか、廃品回収の仕事をしながら食いつないできました」「今、私は自立しています。自力で稼いでいます。アパートを借りて家賃を払えるほど稼いではいないけれども、公園の片隅で野宿しながらであれば、何とか生活できています。野宿生活を始めてから、いろいろと苦労して試行錯誤しつつ、地域の人たちと関わりあいながら、今の生活を築いてきました。どこかの銀行や空港会社や娯楽施設などとは違い、行政の手助けは一切なしで生活してきました」「それなのに、大阪市は「あなたの自立してきた方法は間違いだ。公園を出て自立支援センターに入りなさい」とでも言いたげな態度を貫いています。バカにされているような気がします。大阪市が命じるままに自立支援センターに入所して「自立」に向けて努力させられることは、私から見れば、これまでの私自身の自助努力の歴史を否定することに他ならないのです。私の生き様を、私自身が否定しなければならない。人間として、これほどまでに悲しいことがありますか」（「Sさんの弁明書」２００７年1月10日）

そもそも、暴力的に追い出さなくても、就労対策や生活保護が本格的になされれば野宿者は自然に減っていく。ほとんどの野宿者は「仕事さえあればこんなところには寝ていない」と言っているからだ。

†日本の野宿者対策はどのような状態なのか

現在、日本の行政が行なう野宿者対策には、どうようなものがあるのだろうか。

ひとつのトピックは2002年8月施行の「ホームレス自立支援法」だった。国としての野宿問題への取り組みを史上初めて明示したこの特別措置法は、「この法律によって野宿者の就業対策が進む」「そうではなく、単なる排除が進むだけだ」と野宿当事者や支援者の間に激しい賛否両論を起こした。

この法律の施行以降、公園などからの排除が頻発すると同時に（ただし、多くの排除は「ホームレス自立支援法」ではなく「都市公園法」などを根拠に行なわれている）、全国の自治体で自立支援センターをはじめ様々な施策が行なわれ始めた。ホームレス総合相談推進事業（路上巡回相談や住居移行後のアフターケア等）、緊急一時宿泊事業（シェルター事業）、能力活用推進事業、ＮＰＯ等民間支援団体が行う生活困窮者支援事業などである。2008年の世界不況以降は、経済雇用情勢の悪化に対する措置として国庫補助率が2分の1から10分の10へ引き上げられ、それにより全国の自治体や民間支援団体がさまざまな事業を行なっている。ただし、これらの施策は2015年4月に施行された「生活困窮者自立支援法」の予算と事業枠組みに吸収され、シェルター事業などへの国庫補助率が低下することから各地の事業の規模縮小や消滅が危ぶまれている。

しかし、「ホームレス自立支援法」以降も、全国の自治体は相変わらず野宿者対策に非常に消極的であり続けた。その最大の理由は、「対策をやるとホームレスが集まる（だから止めておこう）」というものだ。驚くべき事だが、翁長雄志・那覇市長は市議会でこう発言している。「那覇市としても、たとえば収容できるような、市営住宅とまではいかなくても、そういうものをつくるかということになりますけれども、これをつくると今度は全国からホームレスが集まってくるんじゃないかという心配等もありまして、いろいろ頭を痛めているところであります」（2006年6月19日）。那覇市に支援施設を作ると、飛行機や船に乗って「全国からホームレスが集まってくる」と本気で「いろいろ頭を痛めている」のである！　沖縄がこの調子では、全国で野宿者対策がまともに行なわれなかったのは当たり前なのかもしれない（なお、2016年現在、この翁長雄志市長は沖縄県知事である）。なお、沖縄県は野宿者数は2007年時でおそらく数百人、2015年時で100〜200人のようだ。そのため、NPOなどの民間支援団体8団体が総合相談、緊急一時宿泊場所の提供、生活支援、就労支援などの活動を行なっている（2014年度）。

四国の愛媛県松山市でもシェルター建設が検討されたが、やはり「大規模施設を目指して周辺から路上生活者の流入が予想される」と廃案になった。しかし、代わりに緊急宿泊施設として民間アパートを借り上げ、リサイクルの家具などをそろえて市内の野宿者に無償で貸し出す事業が行なわれた（2004年4月〜）。また、東京都では、2004年にテントの多い5公園（新宿中央公園、戸山公園、隅田公園、代々木公園、上野公園）や隅田川流域などの野宿者を対象に、都が老朽化したアパートなどを家主団体を通じて定期借家契約をし、月額3000円で2年間「また貸し」するという「地域生活移行支援事業」が始まった。別名「3000円アパート事業」と呼ばれ、アパートに移行後、半年間は月額4万円程度の公園清掃など「臨時就労」が提供されるが、その後は自力で再就職先を探すことになる。この事業には計1945人の野宿者が参加し、東京都によるとその後84％の人が地域でのアパート生活を維持している。そして、その多くが生活保護へ移ったと考えられる。

†野宿者の多くは「仕事」を望んでいる

釜ヶ崎では、「反失業連絡会」による強い働きかけの結果、55歳以上の野宿者対象に道路清掃などを行なう「高齢者特別清掃事業」が行なわれている（１９９４年〜）。予算は、現在は大阪府と大阪市によって捻出され、業務はＮＰＯ釜ヶ崎（釜ヶ崎支援機構）などが委託されている。この事業には１３１６人（２０１４年度）の日雇労働者・野宿者が登録しており、１日５７００円の賃金の仕事を行なっている。この事業で働く労働者に聞くと、「いやな拾い食いをしないでよくなった」「入浴と弁当が買えるようになった」という声が聞かれる。ぼくは、この特別清掃事業の道路清掃などの仕事を（労働者と一緒に仕事をする指導員として）１９９６年から２００８年まで日雇いで行なっていた。（次々ページの図参照）。

この事業の１日の紹介数は２００人程度（２０１５年度）。仕事内容は、釜ヶ崎地区内の道路清掃、大阪市各所の保育所、公園のペンキ塗り、施設の補修、草刈りなどで、いずれの仕事も地域からの評判が非常によい。保育所では、今まで市の予算がつかずにボロボロだった建物が多いため、保母さん保父さん、園児から喜ばれ、感謝状などをいただくことがある。労働者からも「ペンキぬりが好きなんや。自分がした仕事が残るから。保育所のすべり台やブランコや」という声があり、やりがいのある仕事になっているようだ。

この事業の問題はその規模である。現在、登録者に仕事が回ってくるのは「ひと月に5回」程度、月収で2万8500円程度だ。つまり、野宿を脱する収入には全くならない。

この事業に登録する野宿者の願いは、「これで月に13日仕事に行ければ」というものだ。月に13日就労できれば、日雇雇用保険を併用して、月に12万7400円の収入が得られるからだ。現在、この事業のための予算は数億なので、単純計算では数十億円の予算で「月13日就労」が可能になる。しかし、特別清掃の予算は2001年度以降、ずっと横ばいのままで、将来の予算削減が危ぶまれている。

†思い切った就労対策が必要だ

高齢者特別清掃事業の概要（西成労働福祉センター「センターだより」）

釜ヶ崎の野宿当事者、支援者は、こうした「公的就労」を最優先の対策として要求し続けてきた。しかし、行政は「失業対策事業は国として行なわない方針である」「予算がかかりすぎる」「民間企業への再就職で解決すべき問題だ」として公的就労事業の実施・拡大を拒否し続けている。

しかし、「公的就労」と「生活保護」のちがいを一言でいうと、「お金を渡して、なおかつ働いてもらう」か「お金を渡すだけ」かだ。現在、行政は野宿者対策の「公的就労」に消極的なまま結果的に「生活保護」を増やし続けているが、それは「お金を渡して働いてもらう」代わりに「お金を渡すだけ」にするという、ある意味では究極の不効率政策なのだ。保育所のペンキ塗りや道路清掃の他、たとえばリサイクル事業や学校の通学路周辺の見回り、NPO、NGOなどへの公的な就労支援が行なわれれば、野宿者だけでなく、社会全体にとって税金がはるかに有意義に使われるはずである。とくに、監視カメラなど、こどもの安全確保を目的にした学校の警備が近年強化されているが、通学路近辺の見守りや清掃に野宿者が雇用されれば、こどもたちと野宿者との交流も生まれ、就労の確保と野宿者への偏見の解消の両方が実現されることになる。

必要なのは、仕事が見つからない人への「生活保護」、仕事を希望する人たちへの「公的就労」、低家賃住宅の提供、そして生活を保障した上での「技能講習、職業訓練事業」だろう。大阪府、市は特別清掃の拡大に「予算がかかりすぎる」と言っている。だが、たとえば府、市は、1970年代から持ち家の世帯主となっている職員に月額6500～1万5000円の「持ち家手当」を支払い続けていた。これは国家・地方公務員に対して支給されてきたもので、総務省が廃止を勧告し、大阪市も年間20億円分を2012年で廃止している。1年で20億円あれば、特別清掃で働く人の多くが自力でアパートに入ることができたはずだ。

中途半端な対策を続けて野宿を強い続けることによって、悪徳業者による生活保護費のピンハネ、消費者金融による多重債務、病院による過剰な検査や転院などが多発する。それによって、税金が過剰に使われ続け、野宿問題が深刻化し続けている。その現状を考えれば、憲法に言う「健康で文化的な最低限度の生活を営む権利」を保障するため、思い切った対策を行なう方が結果的にプラスになるはずである。

註

（1）東京都「自立支援センター」利用経験者聞き取り調査から。
「センター」で入所者は、求職活動中・就労中を問わず、時間と金銭の使い方について、規則に則った細かい手続きと自己管理が要求され、場合によっては施設職員による確認や管理、指導を受ける。／まず、時間については、ほとんどのセンターで、外出の時間帯が朝食後から18時と定められており、外泊も原則として禁じられている。残業等で帰寮が門限を過ぎる場合には、あらかじめ遅れる旨の連絡をセンターに入れなければならない。センターによっては、事前申告無しで帰寮が遅れた場合は、始末書を書かせられる場合もある。また、センター入所中、飲酒は禁じられている。帰寮が遅れた場合には、飲酒していないかどうか職員によって検査されることもある」「その他、必要経費の支給あるいは貸し付け（たとえば初回給料日までのあいだの通勤費や、就労のためセンターで食事をとれない場合の食費）に際しても、事務所に経路や具体的な用途等を申告し受領印を捺すという手続きを踏む。入所者が自分の裁量で使用できるのは、1日あたり400円の日用品費（月2回まとめて支給）のみである。ただし、施設によっては、この日用品費についても金銭出納帳をつけるよう指導され、その使途について生活指導員等によるチェックがなされることがある」（北川由紀彦「野宿者の再選別過程」狩谷あゆみ編『不埒な希望』所収）

第5章　女性と若者が野宿になる――変容する野宿問題

†女性はなぜ野宿になるのか

２０００年以降、夜回りなどで出会う野宿者には、若者や女性が明らかに増えた。従来の「男性の日雇労働者の野宿」から、野宿者像は確実に多様化している。今までに出会った女性や若者からいくつかのケースをみてみよう。

Ａさんは70歳をすぎてから家を出た。家族からある宗教を強制されたためだという。ひとりになって、わずかな貯えとはじめてみつけた数時間のパートの仕事で生活をささえたが、アパートを借りるほどの余裕はなかった。

駅から少し離れた商店街を歩いていたとき、ある小さなビルの地下に下りていく階段が目にとまった。階段を下りていくと、ひっそりとしたスナックのドアが目に入ってきた。そっと、ドアのノブに手をかけると、思いがけずドアが開いた。そして、その夜は閉店していたスナックのソファに身を横たえて眠った。夜は人通りが絶えた頃に店に入り、朝は夜が明けた頃に店を出た。毛布を1枚ずつ運び込み、冬を越した。トイレと水道を使うことはできたが、電気はない。真っ暗な夜だった。

春になって、いつまでもこんなことをしていてはいけない、と思ったという。新聞の求人欄に載っていた、住み込みの食事作りの仕事をみつけて、ようやく生活は安定した。山形県、佐賀県の工事現場を回ったという。

佐賀県のダム工事の現場が終了し、次の仕事を待つ間、西成の簡易宿泊所に泊まっていたが、運悪く、所持金を全部とられてしまう。釜ヶ崎・反失業連絡会の運営するテントに泊まっていたとき、反失業連絡会のメンバーが声をかけ、生活保護をうけることになる。相談を受けたときは、体調を崩していたAさんだったが、ゆっくり元気になっていった。（釜ヶ崎支援機構の通信より）

70歳を越えた女性野宿者のケース。右の文章で「テントに泊まっていたとき、反失連のメンバーが声をかけ、生活保護をうけることになる」とあるが、このメンバーとはぼくのことだ。

当時、反失業連絡会は野宿者が数百人泊まれる巨大テント（レンタルでテントの資材を借り、内部に足場を組んでベッドを並べたもの）を運営し、メンバーが順番で泊まり込みの警備をしていた。ぼくが泊まりの当番の日、見ていると70歳ぐらいの女性がいた。びっくりして声をかけると、右のような話を少し聞かせてくれた。大変痩せて疲れている様子で、このまま野宿生活を続けられるようにはとても見えない。他の野宿者も心配して、ひとりはいつもそばにつきそって寝場所の確保などの手助けをしてあげていた。福祉事務所に相談に行けば、高齢の上に女性だから、さすがになんとかなるだろうとそのときは思った。

次の日に待ち合わせをして、市立更生相談所に行った。その女性は相談室に入ったが、ほんのしばらくして出てきた。「どうなったんですか」と聞くと、その女性が言うには、市立更生相談所の相談員は「野宿の女性のための施設はない。だから何もできない」と言い、そのまま追い返されてしまったという。

さすがにカチンと来て抗議しようと思ったが、市立更生相談所で何を言ってもムダなのはよく分かっている。そこで、釜ヶ崎支援機構に行って、そこからあちこちに電話であたってもらった。

その結果、生活に困った女性が相談する施設として大阪府の「婦人相談所」があることがわかった。そこに電話してみると「こちらで対応できるのは55歳までの人です」と言う。「それでは55歳以上の女性はどこへ行けばいいのか」と聞くと、「それはどうしようもありません」と言う。つまり、70歳を過ぎた野宿の女性は大阪ではどこにも相談に行くところがないという恐るべき事実が判明した。要するに、行政はまったくあてにできない。そこで、釜ヶ崎支援機構がお金を出してアパートを借りてその女性に住んでもらった。それによって居住の実態を作り、その前提で生活保護を取ることができた。

これは2002年ごろの話だ。つまり、当時は行政が「女性の野宿者」という存在をまったく想定していなかったためにこういう事態が起こった。他の地域も同様で、神奈川県では野宿していた65歳の骨粗鬆症《こつそしょうしょう》の女性が福祉事務所に相談に行くと、「わが市にはそういう場所はない」と追い返されたというケースがある（高沢幸男「野宿以上の展望のある施策を！」『Shelter-less』２００７年春号）。

北海道と北九州の夜回りで出会った女性について「はじめに」で触れたが、２０００年代以降、日本各地で女性の野宿者が見られるようになった。２００６年の「虹の連合」による全国調査によれば、日本の野宿者に占める女性の比率は７％。一方、「ネットカフェ難民調査」（２００７年）での女性の比率は17・２％、また、福祉事務所でホームレス状態の人に生活保護開始を決定したケースの調査（２０１１年）での女性の比率は11・９％だった。ぼくが聞いた例では、「マンションの階段の踊り場で寝ていた」「ビルの隙間に毛布を詰めて寝ていた」などがある。多くの女性が、目につきにくい形で野宿をしているため、目視調査では女性の野宿の比率はどうしても低くなる。なお、各国のホームレスの女性の比率は、スペイン12％、イタリア13％、フランス38％、スウェーデン36％、ドイツ26％で、おおむね15〜25％となっている（２０１１〜13年　Extent and Profile of Homelessness in European Member States）。

女性野宿者が増えるにつれ、各地で襲撃の対象にもなっている。２００６年11月には、愛知県岡崎市で野宿していた69歳の花岡美代子さんが河川敷で頭や顔、上半身を鉄パイプでめった打ちされ、肋骨が折れ脾臓《ひぞう》が破裂して失血死した（28歳の男性と同市の中学2年の男子生徒3人が逮捕、補導)。これは日本で初めての女性野宿者の殺害だった。増加した女性野宿者に対応して、女性野宿者を支援するグループや民間施設、そして女性野宿者の集まりも各地で作られつつある。

野宿者ネットワークの夜回りでも、さまざまな女性の野宿者に出会っている。「静岡県から仕事を求めて出てきた二十代か三十代初めの夫婦。財布をすられ、野宿になる(2005年3月)」「六十くらいの女性が食あたりでぐったりしていた(2006年1月)」「天王寺動物園前で、野宿の女性が男性に暴力を受けたと、警察が来て事情を聞いていたが、警察はそのまま引き上げていった。話を聞くと、女性は「家はあるがいろいろあって出ている」と言う。女性相談センターなどの話をするが、「あとで考える」と繰り返して言う。シェルターの情報などを伝える」「1週間ほど前に階段から落ちて足を怪我して自力で歩けない高齢の女性がいた。警察にトイレで寝ることを許可されていると言うが?「施設や病院は絶対に行きたくない」と言うので差し入れを渡す(2011年12月)」など。女性野宿者に声をかける時はなるべく女性の夜回りメンバーが行くようにしている。しかし、こちらを信用してもらえないためか、声をかけても怯えて返答すらないことが多い。

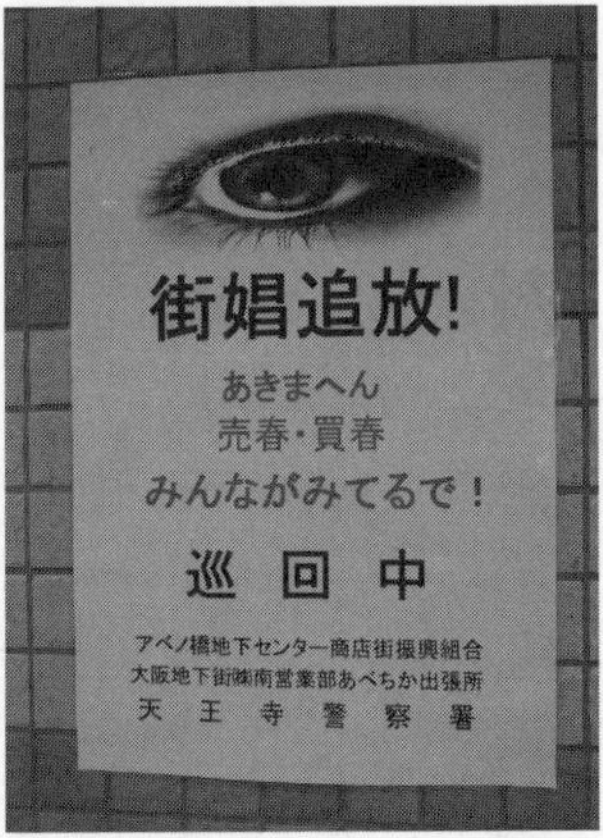

天王寺駅地下街ポスター（2015年）

野宿者ネットワークが夜回りしている天王寺で野宿していた48歳の女性のケースを「女性セブン」（２０１４年12月11日号）が伝えている。「私はもともと大阪の出身です。結婚して夫の実家がある四国へ移りましたが地方での田舎暮らしがストレスになった。常に見張られているような隣近所とのつきあいがしんどかったのです。夫はそれを理解してくれなかった。耐えきれなくて夫と２人の子供を残して出てきてしまいました」「どうしていいかわからなくて立ち尽くしていると、男性が声をかけてきました。『なんぼや？ ５０００円か？』と。一文無しの私はその言葉に反応してしまったのです。それでホテルに泊まって。５０００円で体を売ってしまいました……。地方の専業主婦だった私が信じられないことですが、体を売って生活するようになったのです。家にバレたくないので、役所などに相談に行くことは考えませんでした」。

この女性は寒さをしのぐためマクドナ

ルドでコーヒー1杯で夜を明かし、雨の日はアパートの階段下で過ごしたという。やがて病気で路上で倒れ、119番通報で救急搬送され、そこから生活保護につながった。われわれが声をかけても、怯えていたり「家はあるがいろいろあって出ている」と言う女性の中に、このような人がいたのかもしれない。

女性が野宿になる原因は、ドメスティック・バイオレンス（DV、主に夫の暴力）をはじめとする「家族間のトラブル」、そして男性と同じく「失業」であるようだ。各地の支援団体からの報告にもたびたび女性野宿者が登場するが、その中には驚くような内容のものがある。たとえば2000年の次の報告。「現在、豊島区内には約250人の野宿者がいますが、そのうち女性は10人くらい。今年の7月ころ、テレビ局の取材を受け、女性の聞き取りをしたところ、妊娠をしている女性が6人もいたのにはびっくりしました。（…）その後、6人のうち1人は出産準備のため入院。テレビに出て親が引き取りに来たのが2人。他の3人は出産がまだ先だと言うことで、今は風俗関係で働いているようです」（内田敏男「路上での相談活動から」『Shelter-less』2000年冬号）。

こうした女性野宿者の増加を行政も無視し続けることができず、その後、女性野宿者やDVで家出した女性対象の施設「女性相談センター」が大阪市など各地に創設された。しかし、それでも対応できないケースが起こりうる。

†知的障害のあるこどもと母親の野宿

数年前の夜回りで、ぼくはこどもを連れた女性野宿者と出会った。四十代の彼女は、夫の暴力で4日ほど前に十代のこどもを連れて家を出て、ホテルやファミレス、コンビニで夜を過ごしていたが、とうとう持ち金がなくなったという。大阪市の浪速署に相談に行ったが相手にされず、そこのソファで横になっただけ。

夜回りで出会い、話を聞いて、女性相談センターに電話をした。すると、「こども（男の子）が大きいと2人一緒はダメ」「女性だけならOK。こどもは警察に相談しては」という対応だった。しかし、彼女は「こどもと一緒でないと絶対にダメ。別れるぐらいなら野宿する」と言う。実は、こどもには知的障害があり、それもあって母親は決してこどもと離れようとしなかった。その夜は結局、三角公園横の宿泊専用のシェルターに泊まった。

翌日、親子と話した結果、「とにかく仕事を捜したい」「生活保護は、2人の後を追っている夫に足がつきそうで怖い」と言う。あちこちにあたって、結局、DVのための民間シェルターに行きついた。そこの運営者と相談し、受け入れを決めてもらった。大阪府内某駅でシェルターの人と待ち合わせをし、見送ってきた。宿泊代10日分3万円と当座の生活費1万円を立て替えた（期限なしで貸すので、お金持ちになったら返してくださいと言った）。何かあれば電話してくださいと言って別れた。

これは家族の野宿のケースである。「はじめに」の北九州の例で触れたように、家族の野宿は全国でたびたび見られるが、その多くはDVか借金問題が原因であるようだ。

このケースでは母親とこどもということで、女性相談センターに相談した。しかし、この施設はDVのために家を逃げ出した女性も多数泊まっていて、小さいこどもならともかく、十代後半の大きな男の子は、そうした女性が恐怖を感じるために無理だという。つまり、これも行政の施策では行くあてがまったく見つからないケースだった。結果として民間のシェルターを頼ることができたが、女性は精神的にかなり不安定になっていて、前途多難なケースだと感じられた。

この後も母子の野宿に出会っているが、父親も含めた「家族もろともの野宿」も聞くようになった。ここ数年でも、東京、大阪、京都で、父親が失業し、家賃を払うことができなくなり、こどもたちも含め家族が車中生活を続けたというケースがあった。こどもたちは車の中から小学校や中学校に通っていたが、学校の先生は一カ月以上、それにまったく気づかなかったという（のちに地域で生活保護を受けることができた）。こういったケースは外部にはなかなか公表されない。大阪のケースはこどもたちに関わった中学校の先生から直接聞いたのだが、こうしたケースはおそらく各地で起きているだろう。

様々な人々が続々と野宿に陥っているいま、対策はそれに追いついていない。たとえば、先に触れたように、夜回りをしているとたびたび夫婦の野宿者に出会うが、野宿している夫婦を想定した常設の施設はいまだに存在しない。

これらのケースは、比較的に短期で野宿から脱出した場合だが、数カ月、あるいは数年という長期にわたって野宿を続ける女性もかなりの人数にのぼる。その多くは、公園や河川敷でテントを作って生活しているが、路上で毎日ダンボールハウスで寝ている女性も一定数いる。そして、その多くは男性の連れ合いと一緒に生活をしている。ひとつには、女性の場合、単身で野宿を続けていると、肉体的・精神的な暴力を受けることが明らかに多いからだ。金銭の強奪、性的暴行などの危険は女性野宿者に現実問題としてつきまとう。この結果、男性のパートナーと暮らしながらテントの中で「専業主婦」をするパターンがよく見られる。

女性野宿者の生活歴は、特に男性からはよほどの場合でなければ聞くことがためらわれる。しかし、いくつかの聞き取り事例が公表されており、それらを読むと、女性が社会で置かれている位置について幾つかのことを示しているように感じられる。

これは東京の事例。

U公園・野宿歴1年目・四十代・2000年6月10日

彼女は中学を出てすぐに接客の仕事をするようになった。東京には19歳のときに上京、新宿に出て仕事をする(喫茶店)。25歳で知り合った4歳上のウェーターと結婚し娘を3人産み、パート仕事をしてきたという。

彼女の夫は酒は飲まないが暴力を振るうタイプで、昨年暮れ(99年)に夫に追い出されて上京。着の身着のままで出てきて仕事を探す。(…)求人広告で、U公園の近くのふぐ屋に住み込みの仕事をみつけるが、最初は寮があるという話だったが、そんなものはなくて、結局、公園から働きに出たという。毎日、朝10時から夜11時まで働いても月に7万5000円くらいしかもらえず。「どうせ家出してきたんだろ、お前なんか他では雇ってくれないぞ」というような店長の言葉の暴力に我慢して働いていたが、結局は給料もまともに貰えずに、「ババア出て行け」と解雇されたという。現在は、公園で知り合った男（53歳）とテントで同居生活中。

（文貞實「野宿とジェンダー」『Shelter-less』2003年冬号）

女性野宿者の多くは「家族のトラブル、特に夫の暴力」と「不安定で低収入な就労」によって野宿に至っている。このケースも同様である。そして、それは特殊なケースというより、日本社会の中の「女性」の位置と強く関係しているように感じられる。

女性野宿者の男性と明らかに異なる特徴のひとつは、彼女たちの多くが「元の生活」に戻ることを強く拒否するということである。文貞實が言うように「一連の野宿者を対象とする実態調査のなかで、多くの男性野宿者が、もとの「仕事」（建設日雇い労働)、もとの「場所」(ドヤ、宿舎など)へ帰ることを求めてやまないのに対して、女性野宿者の多くが、決してもとの「場所」に帰りたいとは考えていない」「かつて、彼女たちのいた「場所」とは、住みこみの料理屋や水商売の従業員宿舎や、小さな町工場、子どもや夫のいた「場所」である。それらの「場所」に彼女たちは帰ることを拒否している」(同上)。

「失業」によって野宿になった男性は、そのほとんどが「昔みたいに仕事さえあったら」と言う。しかし、女性野宿者の場合、その多くは(暴力をふるう夫のいる)「家」や(朝10時から夜11時まで働いても月に7万5000円くらいの上に暴言を吐かれる)「職場」に戻るぐらいなら「野宿の方がマシ」と言う。

「究極の貧困」としての野宿生活の苛酷さについては繰り返し触れてきた。その中でも、女性野宿者は疑いなくさらに苛酷な生活を送っている。しかし、その野宿生活ですら彼女たちにとっては「元の生活」より時として「マシ」なのだ。そこでは、野宿者の「社会復帰」という言葉は完全に意味を失ってしまう。

こうした女性たちは、単なる特異な例なのだろうか。それともそれは、多くの女性に共通する社会的問題を凝縮して示しているのだろうか。女性と野宿の問題については後でもう一度触れることにする。（女性野宿者についてまとまった本として丸山里美『女性ホームレスとして生きる——貧困と排除の社会学』〔２０１３年〕があり、一読をお勧めする）

†フリーターから野宿へ

若者の野宿も確実に増えた。今（２００７年）では三十代の野宿者は全然珍しくないし、十代の若者にもときどき出会う（２００８年以降の若者の野宿については「補章」で触れる）。野宿者ネットワークの夜回りでも次のような人たちと会っている。「ダンプに手をひかれ、生活費がなく野宿している31歳の人がいる（２００４年３月）」「34歳で腰が悪く歩くのも困難な人と相談（２００５年７月）」「20歳の野宿者。喘息がひどくバイトにも就けない、履歴書を書くにも添付する写真代もないという（２００５年11月）」「三十代で、事故で片目失明などの障害を負った人がいる（２００６年７月）」「25歳の野宿者に会う。話を聞きたかったが、あまり話したがらない様子だったので次回以降ゆっくり話していく予定（２００７年３月）」「27歳の男性が台車の横で寝ていた。釜ヶ崎のことを何も知らない。自立支援センター、炊き出し、センターの手配の車などのことを伝える（2007年4月）」

ただし、彼らは同じ場所で野宿を続けることはほとんどなく、たいてい次の週には姿を消している。これは、日雇労働者が若い時は野宿になっても、しばらくすると仕事と寝場所を見つけていたのと同じパターンである。しかし、そうした若者の一部は長期の野宿へと定着していく。他の野宿者と同様に、「野宿から脱出したくても脱出できない」状況になってしまうのだ。

二十代の野宿者は、実は1990年代後半から各地で見られていた。これは1998年に大阪市で野宿していた若者の経歴聞き取りである。

27歳男性

鳥取県に生まれる。高校卒業後、1年間はフリーターとして色々な職に就く。1991年（19歳）に滋賀県の陸上自衛隊に入る。2年任期で、さらにあと2年も勤められないと思ったので退職する。自衛隊を退職した後両親のもとに数日間帰ったが、その後は仕事が忙しくてだんだんと疎遠になり、もうずっと連絡をとっていない。

その後、1993年（21歳）から1998年（26歳）の5年間、愛知県のコンピュータディスプレイの組み立てをする工場に勤める。派遣会社に登録しており臨時であった。この間は工場の寮に住んでいた。しかし勤めた工場は倒産したりして、自分から進んでやめたわけではないが長続きしなかった。

工場をやめた1998年8月中旬（26歳）、しばらく野宿をする。その後、三重県の工場でエアコンの組み立ての仕事をする。これも派遣である。工場の寮で暮らしながら3カ月ほど働き、その後また前野宿していた場所にやってくる。そこで3、4日野宿したあと、やはり派遣で滋賀県の工場で働く。トラクターを造る会社の孫請け会社であった。やはり工場の寮で暮らしながら1999年（27歳）3月まで働く。

工場をやめたあと、また前に野宿していた場所に戻って、現在に至る。野宿を始めてからも、仕事は新聞の求人欄で探している。希望の職種は特になく、自分に出来る仕事なら何でもいい。しかし何の免許ももっていないしなかなか見つからない。

（『野宿生活者〔ホームレス〕に関する総合的調査研究報告書』）

フリーター→派遣労働→工場の倒産という道筋だが、こうしたパターンによる若年層の野宿は、その後次第に増えていった。フリーターをはじめとする不安定雇用が激増するなか、かつての日雇労働者がそうだったように、「たまたま仕事が無くなった」「ケガや病気が長引いた」「あてにできる友だちがいなくなった」「若いとは言えなくなった」「親兄弟と疎遠になった」などの条件が重なることによって、「フリーターのホームレス化」が現実化したのだ。

東京で野宿者支援活動を行なう「もやい」（新宿区）には、近年、マンガ喫茶や「レストボックス」（後述）で暮らす若者から相談がくるようになったという。「1月下旬に会った東京都内の23歳男性は、うつ病とパニック障害があり、派遣先から解雇された。日雇い労働でしのいでいたが、アパートの家賃を払えなくなり、福祉事務所に生活保護の申請に行ってみたが、「働けるはず」と追い返されたという。彼の残金は3000円ほど。両親は幼いころに離婚しており、頼れる家族もいない。悠長に就職活動をしていてはアパートを追い出されるし、週給や月給の仕事では給料日まで暮らしていけない。だが、15～64歳の稼働年齢層といわれる人の（生活保護）申請がす

んなり通ることはまずない」(湯浅誠「隠れた貧困層救う運用を」朝日新聞、2007年2月16日)

80年代末、釜ヶ崎の活動家の間で、「寄せ場」の日本全国への拡大、つまり全国の釜ヶ崎化という話が何度かされていたことを思い出す。当時、バブル経済の登り坂の中、建設・土木業界は絶好調で、そのあおりで釜ヶ崎をはじめとする全国の寄せ場はその規模を拡大し続けていたからだ。そして今日、ある意味でその予想は現実となった。山谷、寿のような地域としての「寄せ場」が崩壊した代わりに、ネットと携帯電話を軸にした新たな形の「寄せ場」が全国で形成されたからだ。つまり、従来の「寄せ場」の機能低下(そして野宿者の激増)と同時進行するように、あらゆる職域、地域にわたる不安定雇用が拡大し、日本全国が「寄せ場」化したのだ。

フリーターは現実として「多業種の日雇労働者」である。フリーター、派遣社員をはじめとする不安定雇用の労働者の多くは、健康保険や雇用保険といったセーフティネットを保証される職場にいない。むしろ、突然の解雇、低賃金、危険な労働など、雇用側の一方的な都合、あるいは理不尽な横暴に最もさらされやすい立場にいる。しかも、ちょっとした病気や何かのアクシデントでいつクビになるかわからない。また、年を重ねても給料はほとんど上がらず、むしろ解雇の確率が高くなる。こうした不安定就労の問題は、我々が体験してきた日雇労働の問題とそのまま重なる。だとすれば、現状のままであれば、フリーターの一部は日雇労働者がそうだったように野宿生活化していくだろう。「不安定就労から野宿へ」という社会問題の主役が、かつての日雇労働者からフリーターなどの非正規労働者へと移っていくのである。いわば、「日雇労働者がリハーサルし、フリーターが本番を演じている」状況である。

1986年、労働者派遣法が施行され、これによって原則禁止だった「労働者派遣」が認められた。そして、1999年の派遣法改正によって労働者派遣は原則自由化され、2004年には製造業への派遣も解禁された。厚生労働省によれば、2005年度の派遣事業の売上高は前年度比の約4割増の4兆円、そして2008年度は7兆7892億円である（その後、世界不況により急減し2013年度は5兆1042億円）。その中で急増したのは細切れの派遣労働であり、中でも極限の不安定雇用というべき「日雇い派遣」だった。人材派遣業者（手配師！）から携帯電話やメールで仕事の紹介を受けて、1日限りの職場で働いて賃金を受け取る。派遣業者に登録すれば、あとは仕事の紹介や予約を携帯電話かメールで受けて、直接派遣先の現場に行く。この「新・日雇い労働」は、その日のうちに現金を得られる点が受けて、金のない若者やリストラされた人たちが多数登録するようになった。その人数は、２００８年度で３９９万人にのぼる（その後、派遣切りにより急減し２０１３年度は３０２万人）。当然、この労働形態では労働条件などのトラブルの相談が労働組合に相次いでいる。「かつてトラックの荷台に集められた日雇いの不安定な働き方が規制緩和でよみがえった」（東京ユニオン委員長・関根秀一郎、朝日新聞、２００６年5月31日）状況である。

†日雇い派遣労働に行く

２００７年の春、ぼくは日雇い派遣会社「フルキャスト」に登録して日雇い派遣労働を始めた。フルキャストでは、登録者は携帯電話で個人専用のサイトを持ち、それを通して仕事の予約、仕事の詳細の確認、自宅出発の報告、仕事終了の連絡をする。3日前に「○○日に朝から行けます」と支店に予約を入れ、2日前に電話で当日の仕事の紹介を受け、行くかどうかと出発時間の確認をする（この確認後に仕事をキャンセルするとペナルティを科せられる）。その後、メールで仕事内容や労働条件、現場責任者の連絡先などの連絡が入る。

ぼくは、しょっぱなに大阪市内の倉庫での文房具運搬とピッキング作業の仕事をもらった（時給850円）。当日、家を出る時サイトから「出発しました」というコールを入れて集合場所の駅に向かう。駅に着くと、この日の作業人員20人（女性6人）の派遣労働者が集まっていた。見た感じ、20歳前後から三十代がほとんどで、派遣専門の人もいれば学生や主婦もいるようだ。

点呼を取って倉庫に向かい、簡単な研修をして仕事にかかる。一人ひとりにウィンドウズOSの「RS端末」が渡され（「ひとつ25万円だから絶対落とさないでください！」と言われた）、そこに示される型番の品物を「ピッ」と照合して、大きな台車に載せた六つのカートに入れていく。経験がないので、最初のサイクルはわけが分からず、ちがう部署のカートを積んで、現場責任者から「何やってるんですか！」と怒られた（おまけに、渡されたRS端末は調子が悪く、途中で何度もフリーズして神経をすり減らした）。

終業時間になると、サインをして全員がバラバラに帰って行く。ぼくは22、23歳の人と一緒に帰った。彼は月に10日こういう日雇い派遣の仕事をしているという。「予約を入れても10日しかない」「今度、法律で時給が1000円になるよ」「普通の仕事がしたい。営業みたいな。のんびりできる仕事がいい」と言っていた。

次は、宅急便の仕分けの仕事を回された。11時50分に駅の改札で30人（女性8人）が集合し、昼1時からの仕事に向かう。男性の多くはクール宅急便の仕分けに回された。次々にコンテナごとやってくる冷蔵もの、冷凍ものの箱を出してベルトコンベアに載せ、それを地域別に分別して最後にコンテナに詰め込む仕事だ。

ぼくたちが入ったのは「できて2日目」という新倉庫で、部屋の温度は10度以下。フロアの責任者は社員に「ここはすごく寒いからな、しっかり着込んどけよ」と訓示していた。しかし、派遣のわれわれは500円で購入したフルキャストのロゴ入りTシャツ1枚で仕事をしなければならないので、訓示の間、妙な空気が流れた。

ところが、仕事は恐ろしくハードで、Tシャツ1枚でも汗をかくということがやがてわかった。フロアを見ると、社員より派遣やバイトの方がずっと多く、おまけに積み降ろしなどのしんどい仕事は全部派遣かバイトがやっている。フロア責任者はメガホンを持って巡回し、「そこ遅い！　もっと早くやらんかい！」「そこのヤツ、あっちと代われ！」と怒号を飛ばし続けていた。

4時間ノンストップで仕事を続け、ようやく5時に休憩に入る。持参のパンやおにぎりを食べてベンチに坐っていると、派遣の責任者から5時40分に「整列」の合図が入った。そして、仕事開始10分前にフロアに入らされ、何もしないで立っているわけにもいかないので、直ちに後半の仕事に突入した。休憩は実質30分ぐらいで、またまた「4時間ノンストップ」だ。社員に聞くと、このフロアは24時間稼働で、「今日はまだ楽よ。お歳暮やお中元の時はこれが何倍にもなるんだから」と言っていた。

夜10時に終了し、同じ部署にいた3人と一緒に帰った。派遣では、仕事のキツイ順に「A作業」「B作業」「C作業」というランクがある。一番キツイのが「A作業」で時給1000円（ただし、初回勤務から15回までは900円）。この仕事は「B作業」になっていた。みんなで「今日はきつかった！」「なんで休憩あんな短いねん」「これでBかよ」と言い合った。実際、翌日起きると体中が筋肉痛になって、歩くだけで苦痛なほどになっていた。宅急便はよく使うが、現場ではこれほど労働者が酷使されているのかと驚かされる。なお、派遣会社から交通費は出ない。出るのは「2000円を越えた分」で、「交通費2010円」なら「10円」だけ支給される。現場が遠いと拘束時間が長い上、賃金が最大2000円減ってしまうのだ。

ぼくは長年、釜ヶ崎で日雇の仕事をしてきたが、この「新・日雇い」は、3日前の予約、キャンセルのペナルティ、出発の報告、休憩時間内の整列と、その管理の細かさと徹底ぶりに驚かされた。釜ヶ崎の労働者手配のような「その場にいるだけの人夫をつかまえて送り出せばいい」という大ざっぱさはここにはない。そして、従来の寄せ場と「新・日雇い」の違いは、生活条件も住んでいる場所もバラバラということだ。「みんな近所のドヤに住んで同じような生活をしている」寄せ場の労働者像とはまったくちがう。「携帯電話」というツールによって、派遣会社だけがこのバラバラな労働者をピンポイントでコントロールしている。しかし、一方で新たな日雇労働者の「住居」も誕生しつつある。

†新たな「簡易宿泊所」＝ネットカフェ

「新・日雇労働者」が増加するとともに、「簡易宿泊所＝ドヤ」も新たな形で再生した。ネットカフェ、マンガ喫茶、そして「レストハウス」である。２００３年11月、建設現場の軽作業などを請け負う会社「エム・クルー」は「フリーター・求職者　長期滞在歓迎」という看板を掲げて「レストボックス」を創業した。3段ベッドを置き、共同使用の電子レンジと洗濯機付きで1泊１４８０円。家賃が払えない二十代、三十代の若者を中心に客が集まり、1年半余で都内15カ所に増え、2005年7月には約1300人が利用登録したという。「利用者は主に、役者などの夢を追う二十代、フリーター歴が長くなり社会に適応できなくなった三十代、リストラや自己破産で行き場をなくした四十代以上の3タイプに分かれる」（朝日新聞、2005年7月11日）

日雇労働で働き、日払いのドヤ（＝レストハウス）やネットカフェやマクドナルドで夜をすごして生活するこれらの若者たちは、釜ヶ崎で生活する日雇労働者の21世紀バージョンである。3段ベッドと共同の洗濯機がならぶ宿泊所は、まるで数十年前の「飯場」へと時代が逆戻りしたかのような光景だ。これでは、彼らの一定数が野宿になっていくのも当然のような状況である。

非正規雇用労働者の割合は、33・5％（2007年）となり、「戦後最長の好景気」が続くなか、史上最高の比率になった。2007年、安倍晋三政権は「再チャレンジ」政策によってフリーターを減らしていくと謳った。しかし、正規雇用労働者の絞り込み現象が産業界全体で続く限り、どのように個々人が「再チャレンジ」しようと不安定雇用労働者は総体として減ることはない（事実、非正規雇用労働者の割合はその後も上昇し2014年度は40・0％。派遣労働者が世界不況の影響で減少した一方、非正規雇用労働者全体は1785万人（2008年）から1982万人（2014年）へ増加している）。したがって、多くの問題点を抱えたまま、日本全国の「寄せ場」化が進行していくだろう。

それでは、釜ヶ崎、山谷、寿、笹島のような従来の「寄せ場」は今どうなっているのか。釜ヶ崎以外の寄せ場は、すでに日雇労働市場としての機能をほとんど失った。そして、野宿になった日雇労働者が高齢化し、その多くが生活保護を受け始めたことで、寄せ場は「福祉の街」になった。2012年時、釜ヶ崎の生活保護率は住人の実に5割程度、「あいりん地区」で約4割程度となっている（西成区で25％程度、大阪市5・7％、全国1・7％）。こうしたなか、かつて日雇労働者が泊まり続けたドヤは変貌し始めた。日雇労働者がドヤ代を払えずに野宿になって行くなか、目先のきくドヤ経営者は、マンションなら「住所」とみなされ生活保護を受給できることに着目した。そこで、簡易宿泊所を廃業して「マンション」へと転業している。生活保護から支払われる住宅扶助費の上限に家賃を設定し、野宿者に入居してもらえば、その人が死ぬまで毎月3万9000円の家賃が入り続ける。さらに、部屋の掃除やシーツ交換の人件費も浮く。こうして、2、3畳の「ドヤ」を改装した「マンション」が約80軒できた(2007年。2015年現在、かつて200軒あったドヤの大半が福祉アパートに転換している)。こうしたマンションの中には、「サポーティブハウス」として入居者が集まる談話室や支援スタッフを置き、高齢者ケアに力を入れたものもある。しかし、そうしたものは少数で、多くはドヤを多少改装しただけのものだ。

したがって、こういう予測が成り立つ。フリーターの一定数はやがて野宿となり、加齢とともに生活保護利用者となるだろう。そして、ネットカフェ、マンガ喫茶、レストハウス(あるいはそれに類した宿泊施設)は廃業して彼(女)ら対象の「マンション」へ改装し、入居者集めに奔走することになるかもしれない。現在、日本全国が「釜ヶ崎」化したように、将来、日本全国が「福祉の街」として釜ヶ崎化する。つまり、ここでも「日雇労働者がリハーサルし、フリーター層が本番を迎える」のである。しかし、そのような状況は経済的に成り立つはずがない。

†600万フリーターはどこへ?

とはいえ、600万人(2014年、15~34歳のフリーターは342万人、35~54歳の「年長フリーター」は273万人・三菱UFJリサーチ&コンサルティング調査部・尾畠未輝研究員による試算）のフリーター層の多くは、野宿に至ることはなく、なんとか住居を維持することができるかもしれない。だが、仮にフリーターの99％が住む場所を維持し、１％だけが野宿になったとしても、それは６万人程度、つまり「現在より大規模」の野宿者の発生を意味する。実際には、日雇労働者の例を考えれば「１％」程度ですむとはとても思えない。２％なら12万人、５％で30万人である。もちろん、問題はフリーターなどの非正規労働者だけでなく、母子家庭、障害者、ワーキングプアなどの人々にも関わる。正社員ですら「ブラック企業」が社会問題になり、すべての労働者が「使い捨て」される状況が一般化してしまっている。そして、これは世界的には異常な事態ではない。次章で触れるが、欧米などいわゆる先進国では日本よりはるかにホームレス数が多く、しかも失業青年層や障害者など多様な人々が野宿に至っている。特に、アメリカでは働いても家賃を払うことができないワーキングプアが「家族もろとも」ホームレス化する事態が続いている。その意味では、日本は他の先進国並になるわけである。

もちろん、そのような事態になってはならない。しかし、現実として若者層の野宿化はすでに進行している。このままでは、彼（女）たちが中年化し、親の世代の蓄積が尽きる10年後、20年後に野宿問題の「本番」が来ることは避けられそうにない。

それでは、われわれは野宿問題の解決のために、何を考え、何をすべきなのだろうか？

第6章　野宿問題の未来へ

†世界のホームレス問題

これまで、日本の野宿問題の様々な現状を見てきた。では、日本以外の各国では、野宿問題はどのような状態にあるのだろうか？　最初に触れた「ホームレス」と「homeless」の違いを念頭においた上で、世界金融危機以降の「homeless」問題の状況を見ていこう。

アメリカ

２０１４年１月のある晩で57万８４２４人がホームレスを経験している。その

37%の21万6261人が家族で、24%が18歳より下、10%が18~24歳である。(The 2014 Annual Homeless Assessment Report (AHAR) to Congress Department of Housing and Urban Development)

2015年、ニューヨーク市では、かつての世界恐慌以来のホームレス数の激増に見舞われている。「この数年、ニューヨーク市のホームレス数は1930年代以来で最高の水準となっている。2014年11月には、空前の6万3552人のホームレスの人々が毎晩、ニューヨーク市のシェルターで寝ている。そこには1万4519世帯の家族と2万5640人のこどもがいる。家族はシェルターの人数の約5分の4を占める。ニューヨーク市のシェルターで寝ているニューヨーク市民の数は10年前と較べ64%増えた」。http://www.coalitionforthehomeless.org/wp-content/uploads/2014/07/NYCHomelessnessFactSheet01-2015.pdf

アメリカのこどものホームレス数は、National Center on Family Homelessness の報告によれば、2014年で過去最高の250万人(延べ数)である。ホームレスのこどもたちは「学歴が低く、不安定な雇用形態にありDVなどのトラウマを持つ二十代のシングルマザーのこども」が典型である。2014年の報告

(National Low Income Housing Coalition) では、最低賃金でフルタイムで働いても、市場価格で1~2ベッドのアパートに住める収入を得ることは、どの州でも不可能である。http://www.huffingtonpost.com/2014/12/03/child-homelessness_n_6262296.html

ヨーロッパ

２００８年に始まる経済危機は、ホームレス問題を一気に深刻化させた。経済危機に大きな影響を受けた国のいくつか、ギリシャ、ポルトガル、スペインは、劇的なホームレスの増大を経験した。(On the Way Home? FEANTSA Monitoring Report on Homelessness and Homeless Policies in Europe)

ここ数年で、ホームレス数の増大はフィンランドを除くすべての国で見られた。例えば、デンマーク16%、フランス21%、ドイツ17%、オランダ17%、スウェーデン29%増大と、二桁のホームレス数の増大があった。(European Federation of National Organisations Working with the Homeless Press Release 19th December 2014)

ＥＵの多くの国でのホームレス数の急激な増加、若年ホームレスの増加、特に若い女性の増加は懸念すべき傾向である。

フランス

アベ・ピエール財団（住居困難者を支援）のレポートによると、フランスで２０１４年現在３５０万人が適切な宿泊設備などのない、ホテル暮らしやキャンプ、スクアット（居座り）状態などで暮らしている。（…）14万１０００人が路上や公園、橋の下、間に合わせの宿泊所で暮らしている。約44万人が自前の寝場所を持たず、友だちなどのところで暮らしている。http://www.thelocal.fr/20150203/france-growing-homeless-crisis

ドイツ

ドイツでは28万４０００人が２０１２年の間にホームレスを経験した。これは２００９年から21％の増加である。（On the Way Home? FEANTSA)

オーストラリア

オーストラリアでは、２０１５年のある一晩で10万５０００人のオーストラリア人が家がなく、野宿、緊急宿泊所、友だちの家などで過ごしている。ホームレスの人々の40％が25歳より下である。http://www.smh.com.au/nsw/the-young-and-the-homeless-going-home-staying-home-evaluated-20150415-1mkba6.html

ロシア

ロシアには１５０万から３００万人のホームレス状態の人がいると社会学者たちは推計している。登記所（ＺＡＧＳ）によれば、２０１２年11月から２０１３年３月の寒さの厳しい５カ月間で、サンクトペテルブルクで１０４２人のホームレスの人々が死亡した（冬期、ロシアはマイナス30℃にもなる）。http://one-europe.info/homelesspeople-in-europe-russia-and-belgium-with-their-own-stories

検事総局（Prosecutor General's Office）によれば、２０１０年にロシアのこどもの２・17％がホームレスで、その数は60万人だった。２００１年と較べると、10年でその数は倍増した。しかし、現実には、ロシアのホームレスのこどもたちの数は100万から400万~500万人と推計される（教育省、内務省、そしてさまざまなNGOのデータによる）。1990年初頭以来、ロシアは若年ホームレス問題の新しい波を迎えた。ソビエト連邦の崩壊と社会的・経済的危機は、放課後プログラム、スクールヘルスセンター、サマープログラム、教育、課外活動などの政府の教育予算の大幅な削減に至った。十代のアルコール・ドラッグ濫用は、少年犯罪や自殺の割合と同じく劇的に増加したが、これはDVの増加と関連していると思われる。00年代半ばまでに、政府のこども1人あたりの予算は90年代の半分になった。専門家は、現在、150万人以上のこどもが不就学だと推計している。http://imrussia.org/en/society/245-besprizorniki

中国

2011年、241万人のホームレスの人々がいて、17万9000人のホームレスのこどもがいる。何がホームレス問題を引き起こしているのだろうか。答えは、中国の急速な経済成長にある。それは、地方から都市へと仕事を求める（しばしば政府の認可のない）膨大な人の移動をもたらした。問題のポイントは戸口

(hukou) 登記管理制度である。戸籍登記証明は全ての中国市民が持つが、それは生まれた州に関連づけられる。人々は、給付金、教育、健康保険を、戸口の州からのみ要求することができる。しかし、出稼ぎ労働者はこの hukou に登録されておらず、市民が持っている社会支援が何もない。http://gbtimes.com/life/homelessness-china

†世界的に拡大する野宿問題

これら世界各国の状況を見ると、まず日本との規模の違いに驚かされる。日本でも世界金融危機をきっかけに多くの人が困窮したが、その多くは生活保護によって生活を維持することができた。一方、各国では貧困になった膨大な数の人々の多くがホームレス状態になってしまっている。

世界で最も豊かとされるアメリカでショッキングな事実の一つは、250万人（延べ数）というホームレスの子どもの多さだろう。これは、一つには貧困家族が家族ろとも野宿になっていることを意味する。特に、フルタイムで働いても家賃を払う事ができない「ワーキングプア」が最大の要因の一つとなっている。こども（特に母子家庭）の貧困は日本でも大きな問題だが、アメリカはそれがはるかに進行している。

欧米のホームレス問題のひとつの特徴は、数の多さに加え、青少年のホームレスの比率が高いことだ。欧米では80年代から二十～三十代の若者のホームレス化が問題になっていた。この若者たちは、捜しても仕事がなく、また後で触れるように、特にアングロサクソン諸国では「親」を頼ることが少ないため、どんどんホームレスになっていく。若者のホームレス問題は先進諸国共通の難問だが、「ネットカフェ難民」「派遣切り」がそうであるように、日本はいまその仲間入りをしつつある。

一方、旧（現）社会主義国でのホームレス問題も深刻だ。資本主義化した東側諸国では、国内産業の破壊、格差の拡大、国家による社会保障システムの崩壊を経験してきた。その中で、ロシア、中国がそうであるように、こどもたちが苛酷な状況に陥っている。

中国の野宿問題はよく言われる「経済成長に伴う格差増大」が大きな要因を占めており、その点では欧米や日本と本質的に変わらないように見える。やや古いが、「2003年8月から2004年11月までに中国全土のホームレス保護管理所で約67万人の都市部路上生活者を保護したことを明らかにした。保護された人の中には16歳以下

11万４１４４人、60歳以上12万９６５０人、知的障害者５万１３９２人、重病患者９８２３人、精神病患者２万３７９１人、身体障害者５万４０４８人も含まれる」というデータがある（http://news.searchina.ne.jp/disp.cgi?y=2004&d=1224&f=national_1224_006.shtml）。社会的弱者が野宿を強いられているということだ。こうして見ると、かつての「資本主義か共産主義か」という「東西問題」は事実上消滅し、「南北問題」がグローバル化した結果、その南北の境界線があらゆる「国家内部」に入り込んでいるという印象である。

先進国内部に現れたホームレス問題は、世界的な南北問題あるいはグローバル経済と結びついている。第三世界で安い労働力が大量に使われると同時に第一世界で失業が起こるという第一世界の産業空洞化と国際分業の進行、先進国内部での専門的な中核社員層とマニュアル通りに働く低賃金の不安定労働者との二極分化の進行。そしてこれは、世界市場における富の極端な集中と同時進行している。いわゆる「ニューエコノミー」での格差拡大、家族像の変容、公的社会保障システムの機能不全が世界的なホームレス問題の背景にあり、日本の野宿問題もその流れの中にある。

かつて「20世紀は難民の世紀である」といわれた。だが、冗談抜きで「21世紀はホームレスの世紀」となる可能性がある。「究極の貧困」としての野宿問題の解決には、日本内部だけでなく世界的な「国家・資本・家族」の変化をとらえる必要がある。われわれにとって問題の一つは、これら世界の「どの方向へ」日本は向かっているのかということだろう。

†野宿問題の構造的背景を考える

野宿者が「よく言われるセリフ」がある。


「公園や路上などの、みんなで使う場所にいるのは迷惑だ」

「家（実家など）に帰ればいいんじゃないか」

「福祉とか、困った人が相談に行くとこがあるのではないか」

「仕事をしようともしない。働けばよい」

「努力が足りなかったのではないか。貯金でもしていればよかったのではないか」


これらは様々な場面で繰り返し聞く。ここで、そのひとつひとつが持つ意味を考えてみよう。

「公園や路上などの、みんなで使う場所にいるのは迷惑だ」

公園が使いにくくなったり、道が歩きにくくなったりするのは、確かに問題かもしれない。

しかし、大ざっぱに言って、世の中には路上や公園のようにみんなが使う「公有地」か、個人や会社が所有する「私有地」しかない。「公有地」で寝るのが迷惑になるからといって、そこから出て「私有地」で野宿を始めると、今度は「不法侵入」などで訴えられてしまうだろう。つまり、野宿者に対して「みんなで使う場所にいるのは迷惑だからよそへ行け」と言うのは、野宿者に対して「消えてなくなれ」と言っているのと同じである。

また、阪神淡路大震災や東日本大震災などの災害時、被災した人たちは学校や公民館や公園といった「公有地」で被災生活を送っていた。そのとき、「何であの人たちはみんなの使う場所で生活しているんだ、迷惑じゃないか」などと責める人はいなかった。「公有地」は災害（天災）に対する避難所として使われても当然だからだ。

つまり、「みんなの使う場所」は、「みんな」の中でも特に「今困っている人」が使えばいいんじゃないか、という考え方も成立する。では、地震などの「天災」ではない、失業などの「人災」被災者についてはどうだろうか。

「家（実家など）に帰ればいいんじゃないか」

野宿者個々人をとってみれば、家に帰れる人もいるし、帰った方がいい人もいる。しかし、ここでの問題は野宿と「家族問題」の関係である。

たとえばイギリス・アメリカの場合、こどもは学校を卒業するとただちに家を出て、困っても親には頼らないという傾向があった。「個人主義や自主独立を重んじる北米や欧州北部の人々は、高校卒業で親元を離れ、戻るのは不名誉という強い文化的信念を持っていた」（心理学者ジェフリー・ジェンセン・アーネット The Asahi Simbun Globe 2015年7月5日）。このことは特に、個人化の志向が強いアングロサクソン諸国での若年ホームレスの（日本と比べての）多さと明らかに関係している（ただし、世界金融危機以来、アメリカでも経済的理由から親と住む若者の割合は急増し、1980年時の2倍となっている）。

一方、欧米でもイタリア、ポルトガルなどの南欧諸国では、日本と同じく家族の「助け合い」が強いことが知られている（映画『ゴッドファーザー』で描かれるように「ファミリーの結束は絶対」なのだ）。たとえば、イタリアの若者にとって「貧困に対する唯一の現実的防御策は両親と暮らすことである」（エスピン＝アンデルセン『ポスト工業経済の社会的基礎』）。だが、それは求職活動の鈍化、少子化などの間接コストを背負い込むという。これは、ほぼそのまま日本や韓国についてもあてはまるだろう。

「福祉とか、困った人が相談に行くとこがあるのではないか」

これについては、福祉事務所をはじめとする福祉行政が、特に野宿者に対してどれほど不備な対策しか行なっていないか事例を挙げて説明するしかない。すでに説明したように、野宿者はどれだけ困窮していても「働ける」「住居がない」あるいは「田舎に自分名義の売れない土地がある」などの理由で生活保護受給を拒否されることがあるし、夫婦や親子などに対応できる施策が不充分なことがしばしばある。

「仕事をしようともしない。働けばよい」
「努力が足りなかったのではないか。がんばって仕事して貯金していればこんなことにはならなかったのではないか」

これは、常に言われる「野宿者自業自得論」「自己責任論」である。実は、これは市民だけでなく野宿当事者にもかなり受け入れられている。ぼくが「野宿問題の授業」に行った高校では、授業に来てもらった野宿者が生徒たちに向かって「こうなったのは自業自得や。みんな、おっちゃんみたいになっちゃあかん」と声を大きくして言ったものである。

多くの人は、野宿に至ったことを「社会の問題」ではなく「自分のせい」と考える。野宿に至る要因は「失業」「離婚」「借金」など人によって様々だが、野宿になった人は「あのときもっとガマンして仕事を続けていたら」「あのとき仕事で失敗しなかったら」「家族ともっとうまくやっていたら」「借金などしなかったら」などと自分を責めるのだ。

しかし考えてみれば、80年代までの日本では、そうした問題がたとえあっても野宿になる人はほとんどいなかった。つまり、社会的構造や背景が変化したことによって、以前なら野宿にならなかったはずの人が野宿になるようになったのだ。何らかの失敗なら誰にでもあるのだから、すべて「社会のせい」ということが普通はないのと同様、すべて「自分の責任」ということも普通ありえない。その「境界」を見すえる必要があるのだ。

こうした問題を説明するために、「いす取りゲーム」の比喩を考えてみた。

†いす取りゲーム

次ページの「図」のようにいすが3つあって、その周りに5人の参加者がいる。そして、音楽が鳴っている間はいすの周りを歩いて、音楽が止まるとパッと座る。この場合、いすの数が3で人間が5人だから、3人が座って2人がいすからあぶれる。このとき、仮にAさんがいすを取ったとしよう。Aさんは「私は人よりがんばった。だからいすが取れたんだ」と思うかもしれない。そして、Bさんがいすを取れなかったとすると、Bさんは「努力が足りなかった。だから自分の責任だ」と思うかもしれない。

そして、次のゲームが始まり、今度はAさんがいすからあぶれたとする。そのとき

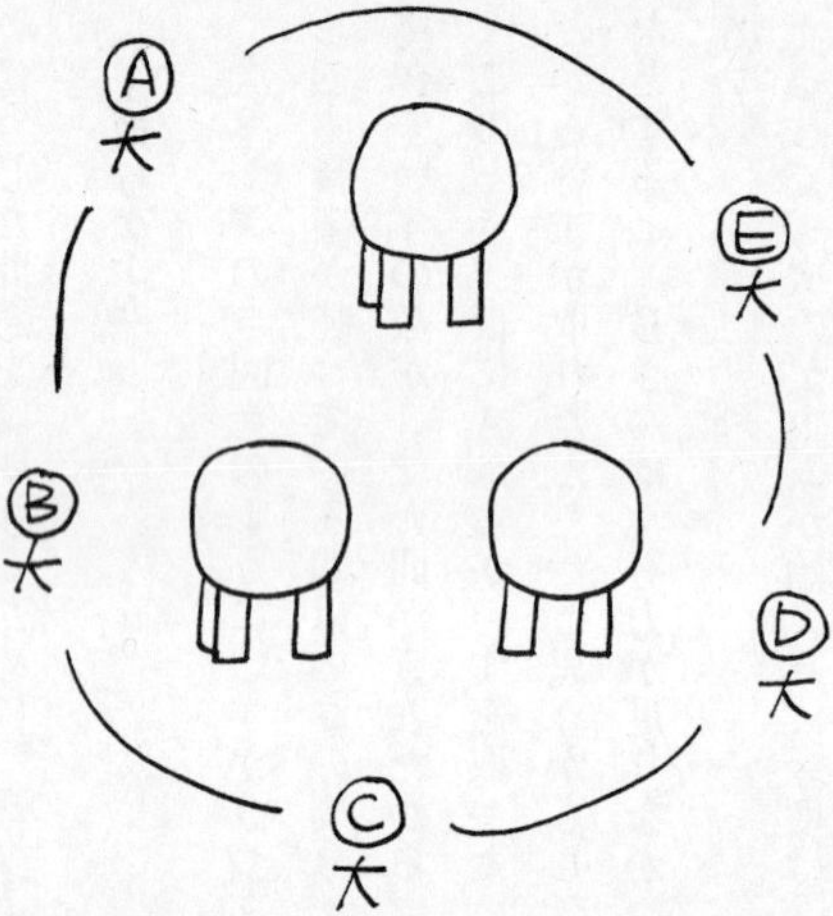

Aさんは、「今度は失敗した。前とくらべて油断してしまった。だからいすを取れなかったんだ」と思うかもしれない。

この場合、いすは「仕事」にあたる。仕事がなくなれば、収入がなくなり、いずれは家賃が払えなくなり最後には野宿になる。これは、それほど金持ちではない多くの人にとって普通の話である。

さて、こうして次々と「いす取りゲーム」をしていく。ここで、かりにゲームの参加者全員が今の100倍の努力をしたとしたらどうなるだろうか。その場合でも、3人しかいすに座れないことには変わりない。では、全員が今の100万倍、あるいは1億倍がんばって走り回ったとしたらどうだろう。誰かがいすを取れば、その分誰かがいすから落ちるだけだから、当然何の変わりもない。つまり、いすを取れるかどうかは「個人の努力の問題」では全くなくて、いすの数と人間の数の問題、つまり「構造的な問題」なのだ。

90年代から00年代まで日本の失業率は急激に上がってきた。これは、いわば人間の数に対していすの数が減ってきた状態だ。いすの数が「ひとつ」減れば、誰がどう努力しても座れない人が絶対に「ひとり」増える。このようにして、いす（仕事）からあぶれ、野宿になる人が増えた。別に「努力の足りない人」や「野宿の好きな人」が日本で突然増えたからではない。

この「いす取りゲーム」は「失業率と野宿」の比喩だが、「正社員」のいすの取り合いとして考えることもできる。失業率は2002～08年に下がり、2009年にガンと上がり、その後2009～15年にまた下がっているが、失業率が下がったのは多くの企業がパート・アルバイトなどの不安定雇用を増やしたためだった。つまり、いす取りゲームはいま「就労と失業」から「正規雇用と不安定雇用」へ軸を移している。

たとえば、90年代以降のいわゆる「ニューエコノミー」期のアメリカでは経済成長と失業率の改善が顕著だったが、その中でもワーキングプア問題、そして「極限の貧困」であるホームレス問題は進行し続けていた。つまり、雇用と失業の「いす取りゲーム」から、高所得者と不安定就労層（あるいは低所得層）の「いす取りゲーム」への軸移動があっただけで、全体として貧困の問題は解決されず、アメリカは「世界のホームレス大国」「こどもの貧困大国」となった。そして、日本はいま、そのアメリカの方向を追いかけているように見える。

†「市場・国家・家族」の三極構造

これら「野宿者がよく言われるセリフ」をよく考えてみると、それらが「市場」「国家」「家族」に対するある「思いこみ」あるいは「信念」の上に立っていることがわかる。

たとえば、「仕事をしようともしない（から野宿をしている）」という発想は、「労働市場では捜せば仕事はあるはずだ」という前提の上で成立する。しかし、失業率がある程度以上増えれば、個人の努力にかかわらず非自発的「失業者」は必ず存在する。

また、「家に帰ればいい」という発想は、「家族・親族は無条件に助け合うものだ」という前提で成立する。しかし、世界的に進行する家族像の変容、多様化は、そうした前提を徐々に無効化している。

そして、「福祉とか、困った人が相談に行くところがあるはずだ」という考え方は、

「国家（行政）は、生活に困った人に対する社会保障を用意している」という前提の上で成立する。しかし、社会保障給付費総額の対国民所得比を国際比較すると、日本は先進諸国の中ではきわめて低い水準にあり続けてきた。一般に、日本の社会保障の特徴は、「行政」ではなく「家族」と「会社」が担ってきた点にあるとされている。

一言でいえば、これらの「野宿者がよく言われるセリフ」は、「市場」「国家」「家族」は充分に機能しており、野宿者を生むような事態はわれわれの社会には存在しないはずだという「信念」を語っていると考えられる。「市場の失敗」「国家の失敗」「家族の失敗」などというものは存在しない、あるのは「個人の失敗」だけだということだ。この（ほとんど「教会の無謬性」や「社会主義国家の無謬性」を思わせる）「信念」が、野宿者への強い偏見と差別を生み出している。

また、「公園などの、みんなの使う場所にいるのは迷惑だ」という考え方は、「みんなのもの」である「公園」（あるいは「税金」）は、野宿者のような生活困窮者のために使われるべきではない、という前提の上で成立する（生活保護利用者に対するバッシングもそれと同じなのだろう）。

野宿者が野宿になったことを「自分の責任」と考えてしまいがちなことには、ひとつにはこうした背景がある。しかも、「野宿になった自分が悪い」という「自業自得論」は、そのまま周囲の野宿者に対する「野宿になったのはそいつが悪い」という蔑視につながりやすい。野宿の現場や寄せ場でよく聞く「ここにいるのは失敗した人間ばかりや」とか「みんなワケありやからな（だから、あまり過去を聞くな）」という言い方はその一面を示すのかもしれない。

実際、奇妙なことだが、大阪市内で夜回りしていると「オレもこんなことしてるけど、西成（釜ヶ崎）で野宿しているヤツらは本当のプータローだ」とか「西成なんかに行くようになったらいよいよおしまいだから、オレは近づかないんだ」と言う野宿者が結構いる。野宿者への偏見に自ら同調することで、自分自身や他の野宿者の尊厳を否定しているのではないかとも感じる時である。

†「市場・国家・家族」の失敗

近代国家の広義の福祉のあり方は、「資本＝市場」「国家＝行政」「家族＝共同体」の三つによって規定されることがある（エスピン＝アンデルセン『福祉資本主義の三つの世界』、柄谷行人『トランスクリティーク』など）。つまり、「市場＝資本」は経済的競争による収益（賃金）によって、「国家＝行政」は税の再分配によって、「家族」は血族間の助け合いによって人々の生活を保障する。そして、この「市場」「国家」「家族」は補完し合う。言い換えれば、それらひとつひとつでは不完全なので、相互の補完が必要なのだ。たとえば、介護保険は高齢者介護というそれまで「家族」によって担われてきた生活保障を、「国家」と「市場」（介護サービス事業者）の介入によって補完するものと考えることができる（すでに定着した例で言えば、公立・私立の「保育所」がある）。

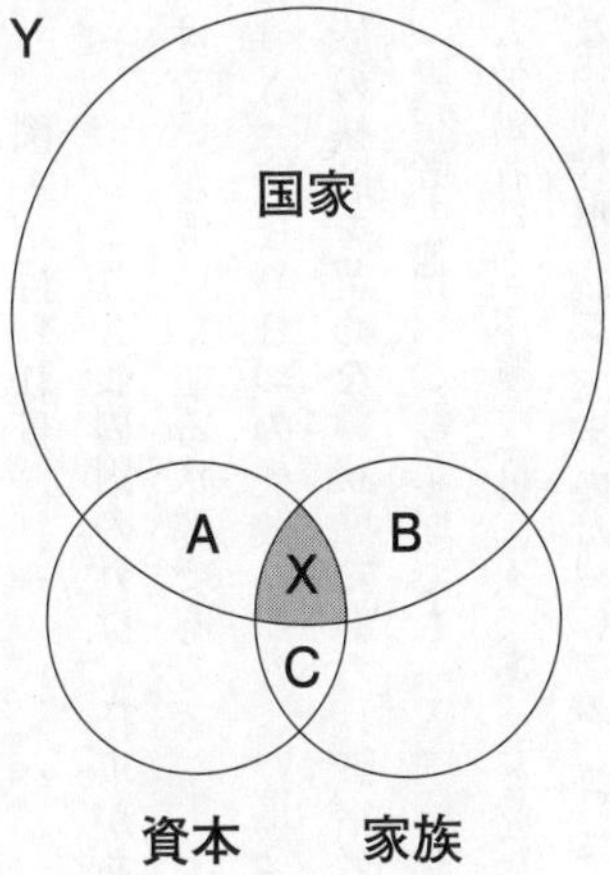

図１　従来の日本

しかし、この「市場」「国家」「家族」がすべて失敗する場合がありうる。その事態をベン図を使って表してみよう。

ここで、3つの円を「国家・行政」の失敗、「資本・市場」の失敗、「家族」の失敗（あるいは変容）と考える。いわば、それぞれの円は「健康で文化的な最低限度の生活」にあいた「穴」である。すると、図1が得られる。

「Y」つまり3つの円の外は、仕事があり、行政による生活保障が機能し、家族の助け合いが働いている状態である。

「X」つまり3つの失敗（変容）の重なった領域は、失業し、行政から放置され、家族の扶助を望めない状態である。野宿者のほとんどはこの状態にある。

（野宿者の他に、バブル期でも「X」にあてはまる人々がいた。外国人労働者である。外国人労働者は、「国家」〈外国人であるために〉・「家族」〈出稼ぎであるために〉・「市場」〈過酷な中間搾取・ピンハネのために〉のどれについても生活保障を受けることができなかった。）

では、「A」はどのような状態だろうか。これは、家族や地域の助け合いは機能しているが、「国家の失敗」と「市場の失敗」が重なっている状態である。例として、ここにはイタリアなどがあてはまるだろう。

「B」は、仕事はあるが、「国家の失敗」と「家族の失敗」が重なっている場合である。つまり、経済は好調で失業率は低いが、「国家」による生活保障は手薄で、家族による相互扶助もあまり機能していない場合である。具体的には、90年代のアメリカが近い。

「C」は、国家による再分配は機能しているが、経済は低調で、家族の相互扶助もあまり機能していない状態である。北欧のいくつかの国家があてはまるだろう。

こうした「市場・国家・家族」の「失敗＝変容」は、もちろん時とともに変化する。60〜80年代の日本では、国家による福祉政策は手薄だったが、国際的に異例なほどの低失業率と、家族の相互扶助の充実によって、野宿問題はマイナーな問題にとどまっていた。そして、それはいずれも、家事労働を行ない、「パート労働」として景気が悪くなると真っ先に解雇される「専業主婦」を前提としていた。「パートなら仕事がなくても夫の稼ぎがあるだろう」「専業主婦は夫とこどもを支えるものだろう」ということだ。ただその中で、「失業」にさらされやすく、「家族」からも切り離され、「国家」からも放置されてきた寄せ場の日雇労働者だけが、常に野宿に至る危険と隣り合わせの状態にあった。当時の野宿者のほとんどすべてが日雇労働者だったのはこのためである。

しかし、90年代以降の日本は、労働市場の変容（産業構造の転換による失業者の増大、失業の長期化、不安定雇用の増大）と家族像の変容に見舞われた。その結果、次ページの図2のような変化が現われたと考えられる。

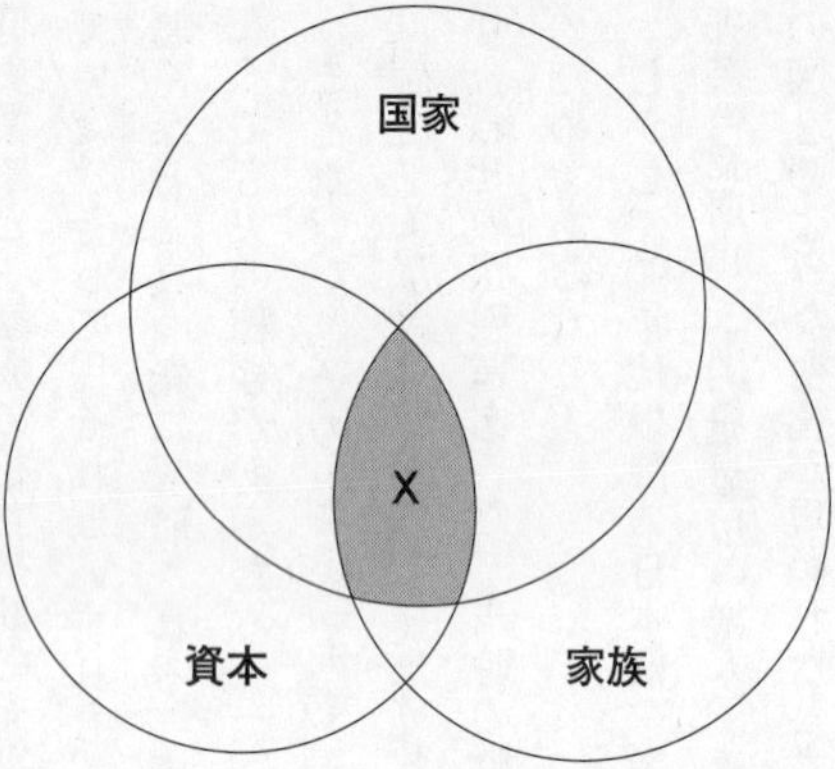

図2　現在の日本

このように、そもそも大きく空いていた「国家＝行政の失敗」に加えて、「市場の失敗」と「家族の失敗」の「穴」が拡がった（さらに、公営住宅の縮小、仕事と一体だった「寮・社宅」の減少、最後の受け皿でもあった「寄せ場」の機能低下などの要因が加わる）。

2000年代以降に女性野宿者が増えてきた原因として、「失業」と「家族の関係悪化」があると言った。たとえば、単身女性がフルタイムの仕事で生計を立てている場合など、失業はただちに生活困難につながる。また、パート労働や専業主婦の場合、家族関係が悪化して家を離れると、経済的に自立できないケースが多い。「市場の失敗」と「家族の変容」の「穴」が拡がる中、「女性の貧困と野宿」という問題が目に見える形で現われてきたのだ。

そして、雇用と家族の安定が失われたとき、生活保障を行なう国家が前面に出るべきなのに、日本は逆に「規制緩和」「小さな政府」の方向へ急激に傾いた。「所得再分配」を担う所得税の最高税率が1986年の70％から45％（2015年）へ激減したことがその一例である。世界的に先進諸国の大半で所得格差が過去最高になる中、2009〜10年にOECD（経済協力開発機構）諸国が所得再分配によって平均で26％格差を減少させたのに対し、日本は19％しか格差を減少できていない。この結果、日本は「貧困層の増加」へと格差が拡大し続けている（OECD、2015年）。こうして、従来は小さかった領域「X」が図2に見られるように拡大し、貧困と野宿の問題が露わになり始めた。

現状の日本は、行政によるセーフティネットの削減、そして市場による「細切れで低賃金な雇用形態」の増大によって生じている生活不安を「家族」が無理に担い続けている状況だと言えるだろう。たとえば、35〜44歳の未婚者で親と同居している人は、2003年に191万人だったが、2007年は262万人、2012年は305万人と激増し続けている（総務省統計研修所　西文彦「親と同居の未婚者の最近の状況　その10」）。この親と同居している人たちの完全失業率は、同年代全体と比べて2・4〜7・1ポイントも高く、貧困を「親との同居」という形でカバーしていることは明らかだ。その意味で、いま日本の家族は過重な負担に悲鳴をあげている状態と言えるだろう。しかも、親という「貧困に対する唯一の現実的防御策」は、いつかなくなる。

ここから考えられる対抗策は何だろうか。当然、行政による生活保障（セーフティネット）の回復、そして「細切れで低賃金な不安定雇用」をある程度「中長期的でまともな賃金の雇用」形態に作り替えていくことである。そして、それと同時に、家族とは別の「人と人とが支えあう関係」を作り上げることだと思われる。

†「カフカの階段」

「カフカの階段」とは、野宿問題の解決を考えるために使っている比喩である。314ページに示した図3のイメージは、ひとりの男はトントンと階段を上がっていけるのに、もうひとりの男にとっては5段分の階段が1段の「壁」になっているので上がることも取っつくこともできない、というものだ。

たとえてみると、ここに2人の男がいて、1人は低い階段を5段ゆっくり昇っていくのに、別の男は1段だけ、しかし少なくとも彼自身にとっては先の5段を合わせたのと同じ高さを、一気によじあがろうとしているようなものです。先の男は、その5段ばかりか、さらに100段、1000段と着実に昇りつめていくでしょう。そして振幅の大きい、きわめて多難な人生を実現することでしょう。しかしその間に昇った階段の一つひとつは、彼にとってはたいしたことではない。ところがもう1人の男にとっては、あの1段は、険しい、全力を尽くしても登り切ることのできない階段であり、それを乗り越えられないことはもちろん、そもそもそれに取っつくことさえ不可能なのです。意義の度合いがまるでちがうのです。

(カフカ「父への手紙」飛鷹節訳)

失業

野宿になる時は、誰でもある日「いきなり」なるのではなく、たいてい段階を追ってだんだんと野宿になっていく。これらのカッコに入るものは何だろうか。

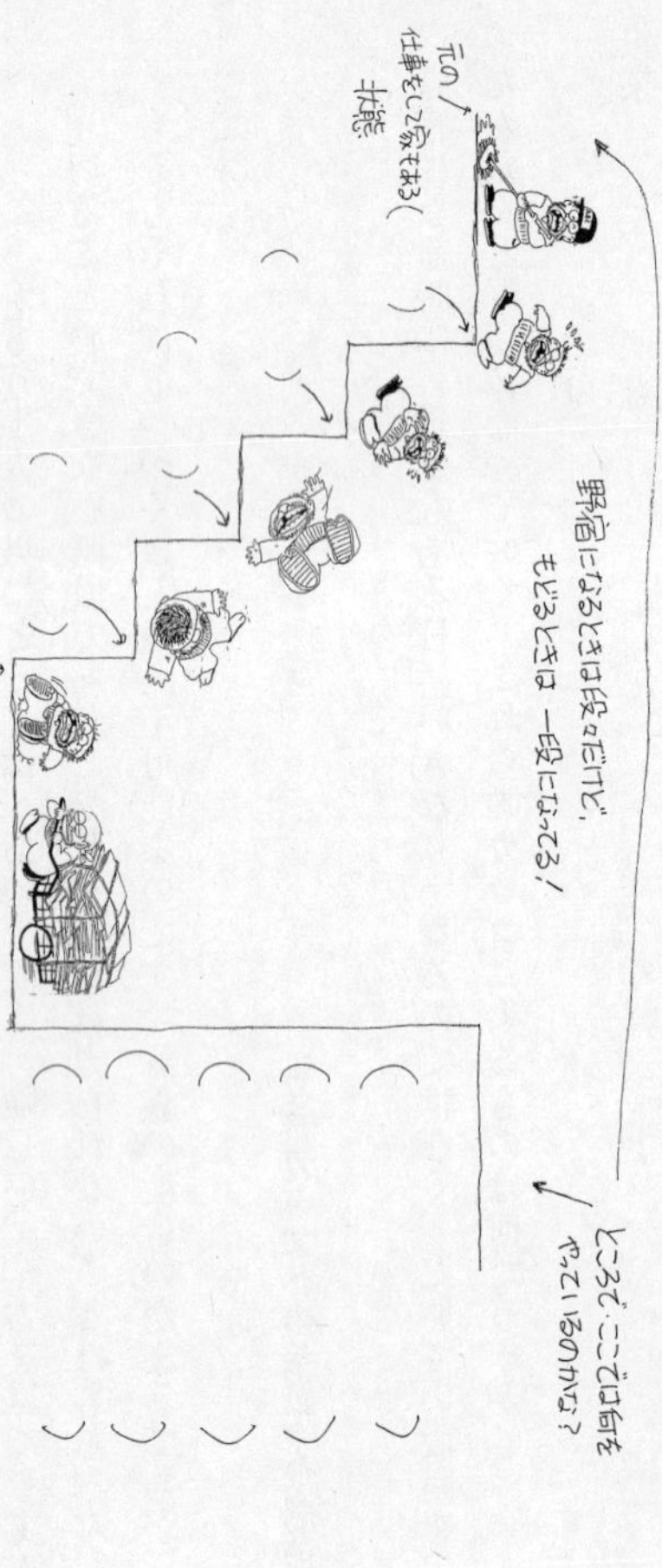
元の仕事をして家もある状態
野宿になるときは段々だけど、もどるときは一段になってる！
ところでここでは何をやっているのかな？
野宿の状態（アルミ缶集めの仕事をしたり、テントで暮らしたり）

図3　カフカの階段

病気
雇用保険（失業保険）切れ
貯金切れ

家賃切れ
頼れる人がいなくなった

階段から落ちるときには、通常は「網」が張ってあって、滑り落ちても助かるようになっている（はずだ）。つまり、「雇用保険」「健康保険」などの「セーフティネット」である。セーフティネットはその言葉の意味通り「網」で、階段から落ちるのを防いでくれる。しかし、そうした「網」がいまやボロボロの状態になっている。

そして、ついに「野宿の状態」になっていく。問題は、この野宿の状態から元の生活に戻ろうとすると、今度は幾つかの条件をすべてクリアしなければならず、現実として元に戻れなくなっているということである。これらのカッコには何が入るだろうか。

年齢制限で仕事がない
住所がないとハローワークが相手にしてくれない
面接に着ていく服も交通費もない

敷金・礼金がないためにアパートに入れない
お金がないから就職してもひと月先の給料日まで生活できない
野宿者とわかると会社が相手にしてくれない

「年齢制限で仕事がない」については、こうした野宿者の声がある。「募集条件では55歳までとなっていた会社でも面接してみると「あなたの年齢では同僚とうまくやっていけない」なんて言われて不採用です」「私、もう57歳でしょ。職安に行っても求人ファイルさえないんです」(東京の場合。増田明利『今日、ホームレスになった』より)
「野宿者とわかると会社が相手にしてくれない」については、大阪の自立支援センターで求職活動をした野宿者の話を聞いたことがある。その人によると、最初は正直に住所を「○○自立支援センター」と書いて求職したが、そうすると多くの人が落とされた。そこで自立支援センターは入所者に、住所に「自立支援センター」としないで番地だけ書くように指導した(いくつかの自立支援センターは、面接企業からの問い合わせ専用の電話番号などを用意している)。最初はうまくいったが、やがて多くの企業が「この番地はホームレスのいる自立支援センターだ」と認識するようになり、再び門前払いをされるようになった。その結果、その人は仕事が見つからず、野宿に戻ったと言っていた。仕事を探している野宿者からすれば、「「ホームレス」という枠で見ないでくれ。自分という個人を判断してくれ」と思うが、多くの会社はそうはしない。求職者からすれば完全な差別である。

では、野宿者が自力では元の生活に戻れないこの状況を解消するためには、どうすればいいのだろうか？

答えは、「右の壁に段差を入れていけばいい」というものだ。段差がつけば、「壁」が「階段」になって、また一歩一歩昇っていけるだろう。

具体的には、「ひと月先の給料日までの金がない」人には「お金を貸しましょう、あとで月々返してください」。「住所がないとハローワークが相手にしてくれない」人には「保証人になりましょう」（あるいは「低家賃住宅を用意しましょう」）。「野宿者とわかると会社が相手にしてくれない」については、野宿問題の啓発活動や野宿問題に理解のある会社との協力関係づくりなどである。事実、いくつかの会社は野宿者を優先して（もちろん、慎重に人選した上で）雇用する取り組みを行なっている。ある意味では、行政や支援者はこの「段差作り」をやっているのである。こうした支援がないところで、「努力してできないことはない」「再チャレンジだ、がんばれ」と野宿者のお尻をいくら叩いても、人間には限界がある以上できないものはできない。しかし、社会的な支援によって「壁」が「階段」になって一歩一歩進んでいく道筋が見えれば、再び「がんばろう」という気力も出てくるのではないだろうか。

ところで、図3の中に「ここ（階段の上）では何をやっているのかな？」とある。普通の答えは当然「元の仕事をして家もある状態」だ。だが、ここでは少しひねった答えがある。ここでの答えは「いす取りゲーム」だ。

つまり、階段から最初に落ちたところは「失業」なので、いすから落ちた状態にあたる。そして、左側の「元の仕事をして家もある状態」に戻ったところは、もう一度「いすを取った」状態にあたる。しかし、誰かが「いすを取った」ということは、誰かが「いすから落ちた」ということではないだろうか。

たとえば、いま失業している224万人（2015年）がただちにどこかに就職できるような状況は全くない。これは「正規雇用と不安定就労」の「いす取りゲーム」で考えても同様だ。政財界が一致して、雇用が不安定で賃金が安い「不安定雇用層」を増やしている以上、誰かが「チャレンジ」に成功して正社員になれば、当然誰かが正社員になれなくなる。この「いす取りゲーム」状態の中では、壁に段差を作る支援を行なっても、それだけでは本質的な解決にならないのだ。

†社会的起業・ワークシェアリング・ふたつの構造的貧困

「ビッグイシュー」の販売員

「いす取りゲーム」を前提とする限り、解決策は3つしかない。「人を減らす」「いすを増やす」「いすを分け合う」である。

まず、「人を減らす」は無理だろう。「いすを増やす」は、仕事を増やすこと、具体的には「経済成長」「公的就労事業」「社会的起業」などが考えられる。「いすを分け合う」は「ワークシェアリング」である。

日本での「社会的起業」の例は「ビッグイシュー」に見られる。「ビッグイシュー」はイギリスで成功し世界（28カ国、55の都市・地域）に広がっている「ホームレスの人しか売り手になれない」雑誌で、月2回（1日と15日）発行し、札幌、仙台、金沢、東京、神奈川、千葉、名古屋、大阪、京都、奈良、神戸、岡山、福岡、熊本、鹿児島で販売している（2013年）。販売者に登録している人は全国で約140人になる。

具体的には、最初、雑誌10冊を無料で受け取り、この売上げを元手に、以後は1冊売るごとに180円を販売者の収入としていく。2014年4月末までの販売登録者はのべ1543人で、そのうち170人が仕事を得るなどして「卒業」したという。「ビッグイシュー」は、「民間のビジネスの手法でもホームレス問題に象徴されるような社会問題の解決に取り組むことも不可能ではない」（佐野章二「ビッグイシュー」代表）というコンセプトによって2003年に起業した有限会社である。こうした野宿者支援の起業は欧米では珍しくないが、日本でもそうした起業家が誕生したのだ。

「いすを分け合う」解決策はワークシェアリングである。ワークシェアリングを導入し成功した例として、オランダが知られている。「オランダモデル」として知られるシステムは、政府・労働者・経営者の協力によって「仕事の分かち合い」を徹底し、多様な就労スタイルを実現することによって失業率の大幅な低下を実現した。そこでは、短時間の労働者は「働く時間が短いだけの正社員」で、同一労働・同一賃金と各種社会保険の整備が徹底されている。これによって、「低賃金・不安定就労」というパート・アルバイト問題は基本的に解消された。

オランダモデルの大きな特徴の一つは、それが「労働とジェンダー」の問題に及んだことにある。たとえばアメリカは、妻と夫が同じフルタイム労働で共稼ぎをする「1＋1＝2」タイプを追求し、日本では夫がフルタイム、妻がパートという「1＋0・5＝1・5」タイプが一般化している。それに対して、オランダ政府は夫婦それぞれが（週30〜35時間労働・週休3日の）「大パートタイム」で働く「0・75＋0・75＝1・5」タイプを「コンビネーション・シナリオ」と名づけ、国の政策モデルとして推進した。

通常、ワークシェアリングは「失業の解消」「雇用創出」を目的とした「賃労働」（ペイド・ワーク）内部の分かち合いとして考えられている。これに対して、オランダモデルは、「アンペイド・ワーク」（育児・介護などを含む無償の家事労働）を合わせたトータルな「労働の分かち合い」を提唱した。それは賃労働と家事労働を合わせた生活スタイルの改革であり、パートナーどうしが育児と労働を協力して両立させる家族システムの推奨を意味している。この方法は、女性野宿者が示している社会的問題を解決するためのひとつの突破口になりうるかもしれない。

†経済の貧困と関係の貧困

先に述べたように、東京都が行なった「地域生活移行支援事業」、別名「3000円アパート事業」では多くの野宿者がアパートに入っていった。だが、そのアパートでの「孤独死」がただちに起こっていた。「新宿地区だけでアパートに移った人々のうち、少なくとも4人が「孤独死」した。(…) 公園のテント村には一種の自治がある。連続飲酒をとがめる仲間もいた。だが、移転後は1人だ。見ず知らずの土地のアパートで「屋根のあるホームレス状態」に彼らは置かれてしまっていた」(NPO「スープの会」の後藤浩二、東京新聞、2005年6月19日)。

こうした「屋根のあるホームレス状態」はよく見られる。事実、野宿からアパートに入った人で、「1日誰とも話さない。ずっと部屋でテレビを見て暮らしている」という人はかなり多い。生活保護でアパートに入った途端に、アルミ缶集めなどの生活の「はり」や人との「つながり」がなくなり、アルコール依存に陥ったり急に病気になって入院したりというパターンは非常に多い。

一方、公園のテント村では、誰かが病気でしんどくなるとまわりの野宿者仲間が食事を持っていったり救急車を呼びに行ったりすることがある。また、生活に困って「テント村」に迷い込んだ人がいると、野宿者がなけなしの1000円ほどのお金を貸したり、寝場所を作ってあげたりするのを見かける。その親切さには驚くばかりだが、ひとつには、否応なく近所で顔を合わせて生活する「村」では、そうした人間関係が自然にできているからだ。そうなると、野宿しているのとアパートに入るのとどちらがいいのかと疑問に思う時がある（一方で、テント村の暮らしは場所によって様々で、すぐ横のテントの人と「話したこともないし顔もよく知らない」という都会のマンションみたいな話もよくある）。

こうした問題を考える時、「阪神淡路大震災」の経験が参考となるかもしれない。多くの人が家を失い「homeless」状態になった阪神淡路大震災では、被災者同士の助け合いがあちこちで展開され、さらに日本全国から主に若者のボランティアが多数集まった。しかし、長屋や低家賃の賃貸住宅で暮らしていた人や、中小の自営業者などの多くの被災者は、避難生活から郊外の仮設住宅、そして公営住宅へと移動していった。そして、崩壊した低家賃住宅は比較的高家賃なマンション群へと作り替えられ、多くの低所得の被災者は元の地域に戻ることができず、従来あったコミュニティは消えていった。その結果、社会問題となった仮設住宅での「孤独死」が頻発する。震災から生き延びた500人を越える人たちが、誰にも看取られないまま亡くなっていったのだ（額田勲『孤独死　被災地で考える人間の復興』）。それは「屋根のあるホームレス状態」そのものだった。

神戸の場合、「孤独死」のような問題を見て、「あくまで避難生活にとどまる、テント暮らしを続ける」という人が現われても不思議ではない。現実に、数カ所のテント村で被災者グループがテントを「自力仮設」に置き換え、公園でログハウスやプレハブによる仮設住宅建設に取り組んだ例もあった（兵庫区元町公園では2000年春まで存続）。つまり、震災という「homeless」問題で取り組むべき目標は、「新たな住居を持つこと」と同時に「新たな住居でも（震災前あるいは震災時にあったような）助け合うコミュニティを作り出すこと」にあったのかもしれない。

野宿問題は、震災時の神戸が示した問題とおそらく似ている。つまり、野宿問題の解決のためには、「住居に入ること」と同時に、野宿でも新たな住居でも「人と人が助け合うコミュニティを作り出すこと」が解決の目標としてあるのだろう。

いわば、解消すべきは「野宿」ではなくふたつの構造的「貧困」なのだ。ひとつは、もちろん失業や格差拡大という「経済の貧困」。そしてもうひとつは、人と人が助け合うコミュニティの喪失という「関係の貧困」である。「アパートや施設に入ってもらうだけ」では、表面的な野宿の「数減らし」に終わってしまう。「経済の貧困」の解決と同時に、釜ヶ崎やいくつかの公園のテント村でありえた助け合いや生活の多様性・可能性を社会で実現していくという「関係の貧困」の解決が必要とされている。

たとえば、「もやい」(新宿区)では、自立支援センターの入所者、生活保護施設や心身障害者施設の入所者、DV(ドメスティック・バイオレンス)の被害者など様々な人にアパートの連帯保証人を提供してきた(2001年5月〜)。また、アパート入居後の生活相談、孤立化を防ぐための交流事業にも力を入れ、互助会「もやい結びの会」を軸として、グループミーティング、安否確認、訪問活動、映画会、食事会や旅行などの活動を行なっている。また、互助会員が主体となって、気軽に立ち寄れる「寄り場」としての交流サロン「サロン・ド・カフェこもれび」を運営している。「現代の日本における「ホームレス問題」は、失業・倒産などによる「経済的な貧困」だけでなく、地域で相談できる相手がいなかったり、保証人になってくれる人がいないといった「人間関係の貧困」も大きな要因になっていると考えるからです」(稲葉剛・もやい理事)。また、北九州ホームレス支援機構(2014年よりNPO法人抱樸)では、地域内の集合住宅を借り上げて野宿者に貸し出す事業、「自立支援住宅」を2001年から開始した。ひとりの入居者に対して1、2名のボランティアが担当を受け持ち、アパートに入ってからの生活に関する様々な相談を受ける。さらに、アパートに入ってからの元野宿者による自助組織「なかまの会」も発足した。「なかまの会」では、定例の会合、定期訪問、レクリエーション、炊き出しの手伝い、お見舞い、長寿の祝い、そして葬儀が行なわれている。野宿者ネットワークも、野宿からアパート生活に移行した人たちへの訪問活動や当事者の寄り合いなどの活動を続け、「野宿後」の日常的な相談や関係づくりに多くの時間をかけるようになっているが、こうした「関係の貧困」への取り組みは、いま全国のさまざまな地域で展開されている。

ある意味では「夜回り」も、「人と人とのつながり」を作り出すひとつの試みなのかもしれない。夜回りをしているだけでは問題は解決しない、とよく言われる。だが、あるとき夜回りをしていて、顔見知りの野宿者から「来てもらうと安心するんだよ」

と言われ、そういう風に受けとられているとは思わなかったので少し驚いたことがある。野宿の現場を訪ねることそれ自体が、「関係の貧困」に対する対応のひとつの原点だったのかもしれない。

†矛盾と可能性の縮図

「野宿者はアパートや施設に入るべきだ」という発想は、その裏返しの「貧困な野宿のままでも助け合って暮らせればOKだ」という発想と同様、不十分なのだろう。野宿者の「自立」ということが言われるが、それは「生活保護水準以上の収入」という経済の「自立」と同時に、人と人との関係の中で「自分のことを自分で決定する」という関係の「自立」を意味する。そして、関係の「自立」は、自分の尊厳と同時に他者の尊厳を尊重することでもある。「野宿になったのは自分（その人）の責任だ」という「自業自得論」や、「野宿者はアパートや施設に入るべきだ」というパターナリズム（押しつけ）は、自身や他の野宿者の尊厳を否定しがちになる。しかし、野宿の現場では、むしろ他の社会ではあり得ないような貴重な出会いが、いわば互いの存在によって自分の可能性が開かれていくような出会いがたびたび作られていた。

たとえば、2012年に釜ヶ崎と西成公園のテント村に来た学生がこう書いている。

「釜ヶ崎での経験を振り返っていますと、野宿者の方々に惹かれるものがあることに気づきました。初対面で部外者である私たちに優しくしてくださったこと、とても明るくて楽しいところ、私が「人目を気にしなくてもいい」と感じた雰囲気などが大変心に残っています。私が会場に一人ぽつんと立っていた時は気を遣って話しかけてくださいました。積極的に話してくださる方もいらっしゃれば、不器用そうな感じで無言でも優しさが伝わってくるような方もおられました。釜ヶ崎で出会ったみなさんの温かさを感じ、本当に嬉しかったです。／私は人と会話や何かの活動をしている時、（相手はそのような気はないと思いますが）疎外されているような感覚をもってしまいます。（…）しかし、今回、公園で野宿者の方々と一緒にいさせていただいた時はそのような疎外感や居心地の悪さを全く感じなかったのです。失礼な表現だと思いますが、むしろ自分との近さを感じたほどでした。私は、上述のように普段は疎外感や自分のコミュニケーション力の乏しさを感じがちですが、野宿者の方といる時は自分らしくいれたような気がしました。そのような私にとって、釜ヶ崎での経験はとても不思議な感覚であり、また釜ヶ崎の方たちにお会いしたい、お話をお聞きしたいと思うようになりました」（2012年。私信より許可を得て引用）。

野宿の現場では、こうした「不思議な感覚」の経験をたびたび聞く。日常の社会ではありえないような思いやりや助け合い、何かから解放されたような自由な空気を目の当たりにして、それからの人生が変わるような衝撃を受けてしまうのだ。

レベッカ・ソルニットは、大地震、大洪水、テロなどの大きな災害が起きた極限状態の中、人々が献身的に助け合うことを様々な事例を通して示した（『災害ユートピアなぜそのとき特別な共同体が立ち上がるのか』）。野宿という極限状態の中でも、やはり同じようなユートピアが、いわば「ホームレス・ユートピア」と言うべきものが時として現れるのかもしれない。

こうした経験は、野宿当事者にも起こりえる。以前、「ホームレス問題の授業づくり全国ネット」のセミナーのため、西成公園で野宿を続ける坂本さんに、野宿になった経過や野宿生活のようすについて話をしてもらったが、その後、坂本さんはセミナーの参加者に手紙を書いてくれた。その手紙の最後はこのように締めくくられていた。『おっちゃん、なんで外で寝なあかんの？――こども夜回りと「ホームレス」の人たち』（あかね書房）で紹介したが、ここでも引用させていただく。

「私は、子供の頃から、ずっと大人を信頼できませんでした。人間という動物自体が嫌いで、いつも人を避けるようにして生きてきたように思います。

野宿生活をするようになって初めの頃、雨の夜に人家から離れた高架下でひとりぽつんと寝ていた時の事です。誰かに足で小突かれ目が覚めました。そしてその人はこう言いました。「町内会の見回りの者やけど、住民が不安がるからよそに行ってくれ」。私は、「雨が降っているので、ここぐらいしか寝場所が無いんです」。「そんなん、知ったことやないわ、1時間後にまだおったら警察呼ぶからな」。私は、すごく悲しい気分になって、また一段と人間が嫌いになりました。

公園のベンチで寝ていた時には、早朝に警察官がやってきて「ここは、人が寝る所や無いから出て行きなさい」。その頃私はキャリーカーでひたすら歩いてアルミ缶を集めていたのですが、その日は前日からずっと体調が悪くて、アルミ缶も集められずにいたんです。

それから何日かの間私は、絶望的な気分で町をさまよっていました。そんな時私は、いつも小学校の教師と児童のテレビドラマ「みにくいアヒルの子」のエンディングに流れていた松山千春の「君を忘れない」を口ずさみながら泣いていたんです。

それからは、野宿者支援の方々に、毛布を届けて頂いたり。暖かいスープを届けてもらったり。テントの設営の支援をして頂いたり。私が今も生きているのは、多くの支援活動の皆様のおかげです。私は最近、ほんの少しだけ人を信頼できるようになったのかなと感じ始めています。」

釜ヶ崎のような寄せ場やテント村は、単なる「救済の対象」でも「支援の対象」でもない。極限の貧困、路上での病死、凍死、排除、そして襲撃、そういった苦しみの中でさえ、野宿の現場には、われわれの社会の限界そのものを照らし出し、そこに関わった人々の人生を変えてしまうような不思議な可能性が現われていた。西成公園に来た学生や坂本さんが語ったことはその一つの例だが、ぼくはこの本を通して、その可能性の一端を描き出そうとしてきた。

第1章で触れたように、釜ヶ崎は日本社会が抱える労働、差別、貧困、医療、福祉の矛盾が集中する「日本の縮図」だった。そして、今、釜ヶ崎とともに全国の野宿の現場が「日本の縮図である」といえるだろう。ただそれは、釜ヶ崎がそうであるように、社会の「矛盾の縮図」であると同時に、様々な人とのつながりや自由が存在する「可能性の縮図」でもある。

いわば、野宿問題は日本社会や世界の様々な問題と可能性を映し出す「鏡」である。われわれは自分の社会が映し出されるその「鏡」＝「縮図」から目を背けることはできないだろう。われわれ自身の社会を見つめるため、そして新たな社会のヴィジョンを作り出すため、野宿の問題とつながり、われわれ自身のふたつの「究極の貧困」を解決することが求められている。

文庫版への補章――2008年以降の野宿の状況

†世界金融危機以降の日本

2007年夏、アメリカのサブプライム・ローン（低所得者層向け住宅ローン）問題に始まる世界金融危機が起こった。「百年に一度の世界不況」と言われるこの不況は世界各国に波及し、2008年以降、日本もその影響を本格的に受けることになる。この年末に「派遣切り」が全国で大規模に行なわれ、新年を前に多くの人が仕事を失い野宿を強いられていった。

2008年12月31日、東京の日比谷公園で「年越し派遣村」が作られ、住む場所を失った派遣の人たち500人以上が集まった。派遣村は社会的な注目を大きく集め、ボランティア1692人が登録し、4000万円を越えるカンパや支援物資が送られた。国会議員も多数訪れて支援を約束し、厚生労働省は庁舎内の講堂を宿泊用に開放して対応した。

こうした取り組みはこの時期、全国で行なわれた。2009年3月、ぼくが参加する反貧困ネットワーク大阪実行委員会も、大阪市役所前で10以上のテントを建てて貧困問題の相談会を行なった。2日間での相談件数は229件。「家賃を払えなくなって、この1カ月は車の中で生活していた。ガソリン代はほとんどないが、停めていると警察が来るので少しずつ車を動かしながら生活していた」という男性、「短期派遣を転々、現在ネットカフェで生活。所持金も1000円」という20代の男性など、様々な人々が相談に訪れた。

2009年6月、新宿中央公園の炊き出しに並ぶ人数は1年前の2倍近い約600人になった。2008年10月から2009年9月に、解雇や雇い止めなどで失職した非正社員は22万3243人、そのうち「派遣切り」労働者が13万7482人とされる(厚生労働省が把握しただけの人数)。本文で「現在(2007年)、一部の経済学者や政治家は、フリーターなどの不安定就労問題・所得格差問題について「経済成長が格差解消の最良の対策」「したがって不安定雇用の使用は合理的」といっているが、こうした見解は、景気循環や雇用形態の変動で不安定就労者の受けるリスクについてあまりに無理解な「おとぎ話」である」と書いたが、「おとぎ話」はついに終わり、多くの労働者が過酷な現実に直面させられることになったのだ。

「派遣切り」は大きな社会問題となり、これを放置することができなくなった麻生政権下の厚生労働省は「困窮している人は、若くても、住居がなくても生活保護を受給することができる」という内容の通達を各自治体に出した。この結果、それまであたり前にされていた「65歳までは生活保護を受けられない」「住む家がないと生活保護を受けられない」という違法な生活保護運用が大きく改善されることになる。２００９年1月、派遣村の入村者約５００名のうち２５０名を超える人々が生活保護の申請をし、数日で（！）アパートでの生活保護を開始した。横浜・寿や釜ヶ崎でも、野宿者に声をかけての集団生活保護申請活動が行なわれた。こうして全国で生活保護利用者が急増し、日本の野宿者数は２００８～09年から減り続けることになる。

世界各国のホームレス問題について触れたように、先進国の中で日本の野宿者数は非常に少ない。その理由は、何よりも、こうして生活保護が機能していることによる。

失業した人たち、高齢化し困窮した人たちが生活保護を利用し始め、野宿を免れたのだ。生活保護利用者は2007年に154万人だったから、2015年の216万人に至るまで、約60万人が生活保護によって野宿を免れたとも考えられる。

そして、日本で野宿者が少ないもう一つの理由は、2010年以降の失業率の改善にある。正規雇用労働者が3805万人（1994年）から3374万人（2010年）、3278万人（2014年）へ500万人以上減り続けた一方、非正規雇用労働者は971万人（1994年）から1763万人（2010年）、1962万人（2014年）と1000万人近く激増している。この結果、失業率は2010年から2015年まで改善し続けた。正社員になるのは至難の業だが、「捜せばバイトはある」ということだ。

しかし、資本主義の宿命として、いずれ「景気循環」による景気悪化が起こるだろう。そのとき、2008年と同等あるいはそれ以上の規模で「派遣切り」「非正規切り」が再現される可能性は高い。そのとき、困窮した多くの労働者を支えるのは、2008年同様、生活保護しかない。「非正規雇用」と「生活保護」の交替を繰り返すのである。

いま激増し続ける2000万人近い非正規労働者、そしてブラック企業などで「使い捨て」にされる正規労働者の未来はどのようなものだろうか？　現在三十代半ばの労働者層は、2040年以降に老後を迎える。そのとき、釜ヶ崎の日雇労働者と同じく、大した貯金も年金もなく、親も亡くなっている（あるいは介護状態になっている）多くの人は、「生活保護」か「野宿」しか出口はないかもしれない。日本はいま「釜ヶ崎の全国化」に向け全力で走り続けているのだ。

いま、どのような人たちが野宿しているのか？——高齢化と若年化

現在、日本全国で野宿している人数は1万人程度（homeless 数はその数倍から十数倍）だと思われる。2008年以降、多くの人が生活保護を受けていったとすれば、なぜいまだに多くの人たちが野宿をしているのだろうか？

現在、野宿している人たちは、従来の「アルミ缶集めやダンボール集めで生計を立てている人」「役所や病院への不信が強く、生活保護も入院も拒否している人」「生活保護の扶養紹介で親族に知られるのを拒否している人」の他、「統合失調症や鬱など精神疾患を持っている人」「野宿になったばかりの人」などと思われる。そして、そ

の中で高齢化と若年化が進行している。

本文で、82歳の藤井さんについて「野宿生活を長年続けた日本で最高齢の野宿者」と書いたが、その後さらに高齢の野宿者に出会った。

2012年10月、夜回りをしていて、通天閣の近くでダンボールを積んだリヤカーで寝ている人に会った。かなりの高齢とお見受けし、話をしながらお歳を聞くと「92歳」ということだった。第二次世界大戦で兵役に行き、その後生還したが、誤って役所に戦死扱いにされたのだという。「故郷で自分の墓が建ってるのを見た」。しかし、生きていくため、戸籍のことは放っておいて戦後ずっと働き続け、戸籍はなくても生活はできた（こういう人はときどきいる）。しかし、加齢と不況で野宿になり、数年前はじめて役所に相談に行った。しかし、役所は「あなた死んでますね（大意）」と、門前払いにあったということだった。

当然、支援者みんなが心配し、会うごとに「一緒に役所に行きましょう」と声をかけたが、その人は「ダンボール集めで自力で生活できる」とダンボール集めを続け、通天閣近くでリヤカーで寝る生活を送った。年齢を考えればたいへん元気だった。

しかし、2014年1月頃、この人は路上で倒れた。近くで野宿していた人から教えてもらったが、近所の人が救急車を呼んでくれたらしい。おそらく入院になったはずだが、それから帰ってこない。行方がわからないので、まだ入院しているのかどうなったのか、みんな心配している（以前は119番に問い合わせると搬送先の病院を教えてもらえたが、最近は「個人情報保護」を理由に何も教えてくれない）。

九十代の人はさすがにめったにいないが、七十代、八十代でアルミ缶などを集める高齢の野宿者には時々出会う。その中にはもちろん体調の悪い人もいる。

2011年5月、大阪市中央区の道具屋筋で野宿していた人は80歳だった。話を聞くと、生活保護でのアパートを3年前に出たという。「2、3日食べていない」と言うので、おにぎりとサンドイッチを買って食べてもらった。全身がむくみ、歩くのも困難なので、救急車を繰り返し勧めたが、「結構です」と拒否し続ける。あまりに頑ななので、時間をあけて説得した方がいいと判断し、翌日もう一度行って入院を勧めた。すると、「2日も来て、そこまで言ってくれるなら」と、救急車を呼ぶのを了承してくれた。救急車を呼んで入院し、その後、お見舞いに行って今後の生活のことを相談した。

こうした高齢化の一方で、世界金融危機以来、相談に来る若い人が増えている。

2012年度、NHKが全国の自立支援センターを調査したところ、支援を求めた4354人のうち三十代以下が全体の33％にあたる1421人だった。この割合は2002年度に13％だったのが、年々増え続けている。一方、同じ2012年の「ホームレスの実態に関する全国調査」（厚生労働省）では35歳未満の割合は「1・3％」。つまり、若い人々は、かつての野宿者のようにダンボールハウスやテントを作って寝たりしない。たとえばマクドナルドやネットカフェ、ブックオフなどで夜を過ごしているのだ。そのため、夜回りで会うことはほとんどなく、本人が相談に来て初めて出会うことになるのだ。

数年前の元旦、派遣で働く二十代の夫婦から相談があった。年末に仕事がなくなり、家賃が払えなくなったため12月30日に大阪府北部の部屋を出て、その晩はネットカフェで過ごしたという。大晦日にネットカフェの代金もなくなり、困り果て、仕方なく大阪駅のトイレに座って年を越したという。洋式トイレは暖かいので、2人別々に座って寒さをしのいだのだ。元旦に、困ったあげく携帯で「ホームレス支援」を検索すると、ぼくの持っている野宿者ネットワークの携帯電話の番号が出てきたという。元日、ぼくたちは西成公園の野宿の人たちと餅つきをしていたが、電話で話を聞き、すぐ会いに行った。当然ながら2人とも疲れ切った顔をして、しかも女性は妊娠している状態だった。この2人は、家出や借金などで親と関係が悪化して実家を頼ることができなかった。その場で親の一人に電話して事情を話すと、親は「あの子には「死ね」と伝えてもらって結構です」と言っていたものだ。

また、中国地方出身の20代後半の男性は、高卒後、警備の仕事をしてきた。時給700円で月に20日程度しか仕事が入らないので月収は12万円ぐらい。そこをリストラにあい、寮から出された。仕事を捜しに大阪に来たが見つからず、2週間野宿した。そして野宿者ネットワークに連絡をつけ、相談に来た。この人は母子家庭で育ち、母親が再婚したが、義理の父親と折り合いが悪く、高卒後は親と絶縁状態で頼る事はできないと言っていた。

また、30代前半の男性は、まだ部屋がある状態での相談だったが、その部屋は1畳半で3万2000円の家賃、一軒家を10人で住む「シェアハウス」だという。明らかに「脱法ハウス」（住居用施設として建築基準法や消防法に違反するもの）だ。

この人は大学卒業後に就職したが、まるっきり「ブラック企業」だったという。仕事上の激しいストレスで鬱になり、仕事に行けない状態になった。奨学金の返済が4

00万円あるが滞り、返済中止の手続きをしている(なお、最近の相談者の多くは奨学金の返済を抱えている)。いまの所持金は8000円。もはや生活できないし、鬱のため一人では役所にも行けないという相談だった。

この人の場合、主治医に「就労不可」の診断書をもらって生活保護を申請することを提案した。ただ、生活保護を受けるにしても、1畳半の「脱法ハウス」で暮らすのは意味がない。家賃を払うのを止め、住居がない状態で西成区に来てもらった。そして、部屋代と食費を渡してドヤに1泊してもらい、市立更生相談所へ同行した。

市立更生相談所の職員は「親のところに行けませんか」と言って来た。彼は「親も借金だらけで、親子関係が破綻している。鬱にたいする理解もなく「働け」としか言わない」と答えていた。結局、ケアセンターに入り、そこから生活保護でアパートに入ることができた。

このように、相談に来る人は「親を頼ることができない」ことが多い。その多くは「母子家庭」あるいは「虐待家庭」の出身である。日本の場合あたり前だが、親を頼ることができる人は、生活に困っても、実家に戻ったり仕送りをもらったりしてなんとかしている。親も生活に困っていたり、虐待があるなどで「親を頼れない」人が困窮し、野宿になっていくのだ。

また、虐待経験のある若者は、施設やアパートに入ってからも人間関係でトラブルが起こることが多い傾向にある。虐待のため、人間関係を作る力が損なわれていることが影響しているのだろう。また、虐待のためかストレスに弱い面があって、就職活動や仕事場の人間関係で挫折が続くと、アルコールやギャンブル依存の傾向になってしまうことがあり、精神保健福祉士や司法書士と協力して生活支援に入ることがたびたびある。

これは、マスコミや世間が言うところの「生活保護を受けて働かない若者」の姿である。これには、もちろん本人の努力も必要だが、経験上、本人を責めているだけでは問題は何も解決しない。ぼくたちは、相談者がアパートや施設に入ってから、訪問して話し合ったり、生活保護利用者の「寄り合い」を作るなどの人間関係を再構築する活動をしている。事実、継続中の事例が多いため本書ではほとんど触れないが、野宿者ネットワークの現在の活動の半分は野宿後の生活支援になっている。そうした支援なしに生活保護利用者をバッシングしているだけでは、問題は悪化していくだけだからだ。

†精神疾患・知的障害を持つ野宿者

そして、いま精神疾患を持つ野宿者の割合が劇的に増えている。

東京・池袋駅周辺の医師などによる調査では、野宿者の中で鬱や統合失調症などの精神疾患を抱えている可能性がある人の割合が62・5％（2008年）、41・0％（2009年）、知的障害を抱えている可能性がある人の割合が30％（2009年）だった。名古屋駅周辺で行なわれた同様の調査（2014年）では、精神疾患を抱えている可能性がある人の割合が61％、そして知的障害が疑われる人が30％だった。これは、アメリカの「深刻な精神疾患を持っている割合はホームレス人口の20～25％」（the Substance Abuse and Mental Health Services Administration）という報告と比べても格段に高い。

名古屋の調査では、中等度以上の知的障害がある当事者の約3割が「路上生活から抜け出したくない」と答えた。その理由として、知的障害と精神障害を併せ持つ当事者の約7割が「施設を利用したくないから」「人間関係を築くのが苦手だから」と答えている。調査に関わった渡邉貴博医師（岐阜・みどり病院）によれば、「障害が理解されず周囲との関係が悪化し、路上に〝引きこもっている〟状態の人も少なくない。障害者手帳の取得や生活保護につながりにくく、福祉が届かずに苦しみながら生きている。制度の狭間に置かれた当事者には、障害を踏まえたていねいなサポートが必要だ」（民医連新聞第1598号、2015年6月15日）

さらに、認知症の問題がある。認知症で行方が分からなくなったとして家族などから警察に届け出があった不明者は、2014年で全国1万783人だった（都道府県では大阪府の1921人が最多、兵庫県1207人、愛知県894人と続く）。不明者の大半は数日で保護されるが、年末になっても168人が行方不明のままだった。2015年にNHKが77の野宿者支援団体を対象に調査したところ、認知症が疑われる状態で野宿などをしていて保護された人が、首都圏を中心に130人近くになった。池袋で支援活動を行なっている森川すいめい医師によると、「認知症の疑いがあって生活上の問題に対処できず、路上で生活している高齢者に出会うことが年に数回ある。身寄りも相談できる人もいなくて、ちょっとしたきっかけで路上で暮らすようになる。そういう人には声をかけても「大丈夫だ」とか「助けは必要ない」と答えることが多く、話があいまいで支援に難しさを感じるケースが多い」（NHKニュース、2015

年6月16日)。

われわれの実感でも、以前から野宿者の中に精神疾患や知的障害のある人はかなりいた。だが、生活保護を受けやすくなって多くの人がアパートなどに移っていく中、精神疾患のある人たちの比率が目に見えて増えてきている。釜ヶ崎など大阪の夜回りで声をかけても、「大丈夫」「ほっといて」と言う(あるいはこちらを完全無視する)人の中には、こうした障害を持っている人がかなりいるだろう。また、若くて野宿になる人には、学習障害、アスペルガーなどの「発達障害」が明らかに多いと感じる。

2013年10月、ぼくは天王寺動物園前で寝ていた五十代のAさんと夜回りで出会った。話を聞くと、「心臓が悪くてペースメーカーが入っている。足も痛くて歩くのが苦しい」「助けてください」と言う。生活保護を受けていたが「何者かに追われている」と思って逃げ出したそうで、おそらく統合失調症による妄想だ。すぐにドヤを捜し、2泊分の宿泊費と食費を出して宿泊してもらい、月曜日の朝に迎えに行った。

市立更生相談所へ同行して職員と相談すると、その月始めまで他市で生活保護を受けていたことが判明した(生活保護はすでに廃止)。「ストーカーに追いかけられ、ケースワーカーも追ってきている」という妄想で野宿していたようだ。

「施設に入りたい」という希望で相談したが、ケアセンターに入る前に医師の診断が必要とされた。しかし、Aさんは「何度も同じことを聞かれる。屈辱的なことを聞かれる。もうイヤだ。新大阪で野宿する」と相談室を何度も出ようとする。それをなんとか説得し、午後の精神科医との面接に持ち込んだ。

医師「施設にしばらく入って通院するのはどうですか」

Aさん「もういいです。のたれ死にします」

そこを「施設にいればごはんも布団もあるし、安全だから」と、なんとかかんとか説得してケアセンター入所に同意してもらった。

水曜の夜10時、公衆電話からAさんの電話が来た。「ケアセンターは警察の人間がうろちょろしているのでもう出た。助けてください」と話し続ける。明らかに妄想が続いている。なだめ続けて翌朝待ち合わせ、市立更生相談所へ同行し、ケアセンターに事情を説明して再び入所してもらった。

医療センター受診予定の金曜、朝にケアセンターに迎えに行くと、Aさんは出てこない。ケアセンターの職員に聞くと、「きのう、「追われている」と言って出て行ってしまいました」と言う。その後、Aさんから連絡は入らず、行方不明になっている。

このように、生活保護や医療につなげようとしても、入寮すら困難なケースは多い。そもそも多くの場合、本人が「ほっといてください」と受診や入寮を拒否してしまう。本人を説得して役所に行っても、役所からは「寝る場所も食べものも提供できません。施設入所は医師の診断と入所許可が必要です」と対応される。お金がなければ、無料診断が可能な保健所あるいは社会医療センターに行くしかないが、精神科医の診察は週に1、2回しかない。それまでの生活をどうするかは、役所は決して考えない。そこで民間のわれわれが宿泊代や食費を出して対応しているが、それでもAさんの場合のように解決は難しい。

本文で、野宿者への対策として第一に公的就労などの「雇用」を挙げたが、精神疾患の人がおそらく半数近くにまで増えたいま、その意義は限定的になった。被虐待の人たちと同様、「就労」以前に解決すべき問題が山積みだからだ。

たとえば、統合失調による妄想については服薬すれば症状が落ち着くケースも多く、医療につながることは重要だと感じる。その一方、公園のテント村などでは、明らかに知的障害や精神疾患を持つ人々が、周囲の野宿の人たちと比較的安定した関係を持ちながら野宿生活を続けているのをよく見る。釜ヶ崎でも同様だが、「地理が覚えられない」「字をほとんど読めない」「会話が成り立ちにくい」などの障害があっても周囲がさほど気にせず、助けられるところは助け合いながら生活する、というパターンだ。普通の社会では眉をひそめられ敬遠されてしまう人でも、釜ヶ崎やテント村では「こんなヤツもいるやろ」という寛容度が抜群に高く、ある程度ふつうに生活ができている。そういう意味では、行動に制限がかかる施設や病院で暮らすより、こうした野宿生活の方が充実した生活ではないかと感じることは多い。

「障害や疾患があるなら病院や施設に入れるべきだ」という考え方もあるが、それは本人の意思を無視して生き方を無理強いする「パターナリズム」や、犯罪予防を口実にした「保安処分」になってしまう危険もある。２０１５年には、高齢者や障害者施設での職員による当事者への多くの暴行事件が社会問題となった。女性野宿者にとっては「野宿生活ですら彼女たちにとっては「元の生活」より時として「マシ」なのだ。そこでは、野宿者の「社会復帰」という言葉は完全に意味を失ってしまう」と書いたが、精神疾患についても同様に、「われわれの社会は野宿生活より本当にマシなのか」があらためて問い直されなければならないのかもしれない。

野宿の現場に関わって感じるのは、「5年経つと風景が一変し、10年経つとほとんど別の問題になっている」ということだ。

ほとんどの野宿者が日雇労働者だった1980年代から90年代前半、さまざまな職種の失業者が野宿に至るようになった90年代後半、そして同時期DVなど家族の問題や失業によって女性や若者が野宿をするようになった。野宿の現場も、路上や公園からネットカフェ、マクドナルド、個室ビデオなどへ変化していった。いま触れた精神障害・知的障害の問題も、起こりつつある大きな変化の一つだろう。

1986年以来、ぼくは「貧困と野宿の日本」の姿を見続けてきた。現場の姿が大きく変わり続ける中、ぼくたちはそうした変化に対応して視野と知識を広げ、さまざまな工夫をしながらこれからも活動を続けていかなければならないだろう。

おわりに

夜回りなどのときに、参加者から時々「どういうきっかけでこういう活動を始めたんですか」「どうして20年も続けてきたんですか」と聞かれることがある。あとの問いは特に答えにくいし、そもそも自分でもはっきりとはわからないところがある。しかし、どうしても答えないといけない時にする話がある。

大阪市中央区に、グリコの巨大ネオンサインが目の前に見え、2003年の阪神優勝の時には5000人以上が飛び込んだことで有名な道頓堀川にかかる戎橋《えびす》、通称「ひっかけ橋」がある。その橋で、1995年10月18日、ダンボール集めをしながら野宿していた63歳の元日雇労働者、藤本さんが若者によって水死させられた。

その日、友人とふたりで通りかかった24歳の若者が、橋のたもとで台車にのって野宿していた藤本さんを面白半分で台車ごと橋の中央に運び、驚かせてやろうと橋の欄干の上に乗せた。寝ていた藤本さんはびっくりして若者にしがみつき、若者はしがみついてきた藤本さんの手を振りはらった。その結果、藤本さんは道頓堀川に落下してそのまま溺死した（この事件については北村年子『「ホームレス」襲撃事件と子どもたち』に詳しい）。

ぼくにとってこの1995年は、第1章で触れたように日雇労働運動や野宿者支援運動からほとんど離れ、釜ヶ崎で日雇労働で働くだけという時期だった。精神的に混乱し、釜ヶ崎の問題、というより他の人とどう関わればいいのかまったく分からない状態だった。

しかし、この事件を聞いて、何かを感じてぼくもすぐ現場に行った。橋に行ってみると、そこでは釜ヶ崎の運動団体の手で藤本さんの追悼の祭壇が供えられ、日雇労働者や野宿者何人かが昼も夜も張りついて祭壇を守り続けていた。ぼくも、それから時間が空いている限り自転車で戎橋に走って、他の人と一緒にずっとその現場に詰めるようになった。自分でもなぜかはよくわからないまま、どうしてもそこにいなければいけないというか、そうしないといてもたってもいられないという思いがしていた。

戎橋の現場にいると、通りかかった人たちが追悼の祭壇を見ては「気の毒に」「かわいそうに」と言って手を合わせ、焼香をしていくのだった。毎日、数え切れないほど多くの人たちがそうして藤本さんの死を悼んでいた。その前にもその後にも、野宿者の問題に一般の人々がこれほど関心を持つのを見たことはない。ひとつには、その光景から目を離せなくなって、現場から動けなくなっていたのかもしれない。

その人たちはどういう思いなのかを知りたくなって、近所の店に行ってノートとペンをいくつか買ってきた。そして、祭壇に手を合わせる何人かに「何か一言書いてくれませんか」と言ってみた。すると一人二人が書き込み、やがて通りかかる他の人たちも次々に自分から思いを書き込んでいくようになった。そのノートは何冊にもなり、ぼくはそれを抜粋して印刷し、最後に後日開かれた事件についてのシンポジウムで参加者に配った。

それはたとえばこういうものだった。

「貴方のことは、全く存じませんが、同じ大阪に住む若者がしたことに対して、ごめんなさいと伝えたいです。やすらかに……」

「ときどきお見かけしていたと思います。大阪でこんなことがおこってさみしいです。やすらかに」

「道頓堀は大阪の象徴……しかし、いつかはこういう事が起こるのではないかと思っていたけど、本当に起こってしまった……。犯人は、はっきり言ってむごい！　何の為に、こんな事をするのか⁉　はっきり言って人殺しなんていかにくだらなくて不毛か、犯人には理解できないと思う。僕もいつかはホームレスになるかもしれない……。しかし、ホームレスとして生きている人達にも人権はある‼　決して人生の落伍者なんかじゃない‼」

「このこと知って、はらたって、はらたって、とうぜん、一方的に、許せんで、こんなん、はらたって、はらたって、たまらん。せやけど、やったやつ、新聞で知ると、おるおっちゃんと同じように生きとるやつや、いったいなんやねん、こんな世の中におるんやなあ、又、はらたつ。もっともっとやさしいできんのんか、人を人としてみれへん。人やったら、助けもする。人やったら、つらい事もある。俺らの世の中が、人らしさ殺したらあかん。この橋の上でそう思う」

書き込みの大半は「かわいそう」「気の毒に」というものだった。だが、その中でも、自分の身に引きつけたこうした言葉を書く人がいるのは正直なところ驚きだった。日常的に若者たちに襲撃され、飯場が近くにできると「釜ヶ崎化させるな」という住民運動をされ、野宿者のいる公園・駅・道路では追い出しが官民協力で行なわれるという中で、野宿者に対してこうした意見があるとはあまり想像ができなかったからだ。しかし、こうした書き込みは、ぼくたちがふだん接することはないとしても、野宿者の問題に心を寄せている人が多数いるということを示していた。もちろん、それは一時的なもので、他のいろいろな事件と同様にこの事件もやがて忘れられていくのかもしれない。しかし、道頓堀という野宿者と市民がすれちがう繁華街で起こったこの事件は、社会と野宿者とが今までとはちがう出会いをするきっかけとなりうるのかもしれなかった。

藤本さんが亡くなって1週間経ち、釜ヶ崎の運動団体によって橋の上で最後の追悼行事が行なわれた。その最後に献花が用意され、通りかかった人などたくさんの人たちが藤本さんのために花を投げていった。ただ、ぼくは川に投げられるたくさんの花を見ながら、「死んでから花を投げても遅いんだよなあ」と思わずにはいられなかった。手をさしのべるなら、殺されてからではなく、こんな事件の前にすべきだった。

だが、「死んでから花を投げても遅い」というなら、それは「死んでから」現場に詰めているぼくも全く同じだった。戎橋から動けなくなって、どうしてもそこにいなければいけないと感じたとき、釜ヶ崎や野宿者の問題は自分にとって引き剝がそうとすれば自分の肉や血を引き剝がすことになる、そんなものになっていると実感せざるをえなかった。しかし、だとすればその自分が、次々と殺されていく人たちがいる中で何もしないでいるのはなぜなのか。事実、野宿者襲撃は次々と起こり続けている。そして、若者の襲撃で殺されなくても、日雇労働者や野宿者は仕事がないというだけの理由で現実に次々と死んでいる。しかもそれは社会的に黙殺され、放置され続けている。そのたびに、明日、あさってとまた橋から路上から公園から花を投げるのか。

ぼくが釜ヶ崎の支援運動に戻って、今、たとえば野宿者を訪ねてまわる夜回りや学校での「野宿問題の授業」を続けているのは、そのことにあらためて気づいたからではないだろうか。もちろん、現実に自分ができることはあまりに小さく、ほとんど無力感だけしか感じられないことが多い。事実、路上死や襲撃による殺害は今まで延々と途絶えることはない。だが、自分なりの活動を続けなければ、これからも再び三たび「遅すぎた」と後悔しなければならなくなるだろう。それぐらいなら、無力だとしても野宿問題のために何かをし続けるべきなのではないだろうか。多分、釜ヶ崎や野宿者に関わるこうした活動はこれからも続けていくことになるだろう。そして、それがぼくにとって、かつて感じられなかった「世界との接点」のひとつの形となっていることは確かである。

この戎橋では、いまも釜ヶ崎の越冬実行委員会による夜回りで、追悼と献花が毎年行なわれている。死んでから花を投げても遅い。だが、一方で、亡くなった人たち、いなくなった人たちのことを憶え続けてもいかなければならない。事実、本書で触れた日雇労働者や野宿者には、亡くなった人たち、もう会えなくなった人たちも数多い。ここ数年でも、文中で触れた82歳で野宿生活を続けていた藤井さんは、生活保護の生活のあと、２００９年に病気のため85歳で亡くなった。また同年、その藤井さんとも親しかった、野宿者ネットワークで一緒に活動してきた医師の矢島祥子さんも34歳で亡くなった。この二人の他にも多くの方が亡くなっていった。その人たちが示してくれたものは、より若い人々に引き継いでいかなければならない。その意味で、本書は、主にぼくより年上だった寄せ場の日雇労働者に、そして主にぼくより年下であるフリーターたちに献げられる。ぼく自身、2008年に日雇労働で行なっていた特別清掃の仕事を辞めて以来、「年長フリーター」の一人としてさまざまな仕事をしながら、活動はずっと無償で続けている。

なお、この本では主に貧困・野宿に関わる様々な問題を扱っているが、そこには支援者・当事者の間で論争が絶えないものがかなり多い。ここでの意見は、あくまでぼく一個人のものであることをあらためてお断わりしておく。また、ぼく自身が関わることのできない様々な立場や多くの地域の活動についても触れている。できる限りの注意はしたが、何らかの間違いや誤解が避けられなかったかもしれない。そうした誤りについては、御指摘をお願いする。また、触れることさえできなかった重要な事件や取り組みはあまりに多いが、紙数の限界から残念ながら省かざるをえなかった。

最後に、本書を読んで野宿問題に関心を持った方には、各地で行なわれている夜回りなどの活動に参加することをお勧めする。野宿の現場を訪ねて言葉を交わすことは、すべての活動の原点となるからだ。

2006年5月のジュンク堂池袋本店での、白石嘉治、杉田俊介、生田によるトークセッション「野宿者／ネオリベ／フリーター――アンダークラスの共闘へ」に筑摩書房の永田士郎さんが来られて、本書の執筆を依頼された。旧題『ルポ　最底辺』というタイトルも永田さんの提案である。

2015年の文庫化にあたっても、再び永田さんに担当していただいた。永田さんが声をかけてくれなければ、このような本を書く機会はなかっただろう。永田さんに深く感謝する。

生田武志

生きさせろ！ 雨宮処凛

若者の貧困問題を訴えた記念碑的ノンフィクション。湯浅誠、松本哉、入江公康、杉田俊介らに取材。JCJ賞受賞。最終章を加筆。（姜尚中）

脱貧困の経済学 飯田泰之 雨宮処凛

格差と貧困が広がり閉塞感と無力感に覆われている日本。だが、経済学の発想を使えばまだ打つ手はある。追加対談も収録して、貧困問題を論じ尽くす。

東京骨灰紀行 小沢信男

両国、谷中、千住……アスファルトの下、累々と埋もれる無数の骨灰をめぐり、忘れられた江戸・東京の記憶を掘り起こす鎮魂行。（黒川創）

「社会を変える」を仕事にする 駒崎弘樹

元ITベンチャー経営者が東京の下町で始めた「病児保育サービス」が全国に拡大。「地域を変える」が「世の中を変える」につながった。

ドキュメント ブラック企業 今野晴貴・ブラック企業被害対策弁護団

違法労働で若者を使い潰す、ブラック企業。その「手口」は何か？ 闘うための「武器」はあるのか？ さまざまなケースからその実態を暴く！

「心」と「国策」の内幕 斎藤貴男

「がんばろう、日本」が叫ばれる危ういこの国で、「国民」の内面は、国や公共、経済界にどう利用されていくのか？ 政治経済、教育界まで徹底取材！

半農半Xという生き方【決定版】 塩見直紀

農業をやりつつ好きなことをする「半農半X」を提唱した画期的な本。就職以外の生き方、転職、移住後の生き方として。帯文＝藻谷浩介（山崎亮）

増補版 ドキュメント死刑囚 篠田博之

幼女連続殺害事件の宮崎勤、奈良女児殺害事件の小林薫、附属池田小事件の宅間守、土浦無差別殺傷事件の金川真大……モンスターたちの素顔にせまる。

民間軍事会社の内幕 菅原出

戦争の「民間委託」はどうなっているのか。イラク戦争以降、急速に進んだ新ビジネスの実態を、各企業や米軍関係者への取材をもとに描く。

広島第二県女二年西組 関千枝子

8月6日、級友たちは勤労動員先で被爆した。突然に逝った39名それぞれの足跡をたどり、彼女らの生を鮮やかに切り取った鎮魂の書。（山中恒）

玉の井という街があった　前田豊

永井荷風「濹東綺譚」に描かれた私娼窟・玉の井。しかし、その実態は知られていない。同時代を過ごした著者による、貴重な記録である。（井上理津子）

吉原はこんな所でございました　福田利子

三歳で吉原・松葉屋の養女になった少女の半生を通して語られる、遊廓「吉原」の情緒と華やぎ、そして盛衰の記録。（阿木翁助　猿若清三郎）

寺島町奇譚（全）　滝田ゆう

電気ブランを売るバー、銀ながしのおにいさん……戦前から戦中への時代を背景に、玉の井遊廓界隈の日常を少年キヨシの目で綴る。（吉行淳之介）

滝田ゆう落語劇場（全）　滝田ゆう

下町風俗を描いてピカ一の滝田ゆうが意欲満々取り組んだ古典落語の世界。作品はおなじみ「富久」「芝浜」「死神」「青菜」「付け馬」など三十席収録。

泥鰌庵閑話傑作選　滝田ゆう　なぎら健壱編

純粋で人懐っこく寂しがり屋で、毎晩のように赤提灯で飲み歩く己の姿を活写した、滝田ゆうの私漫画一〇八話から四三話をセレクト。（なぎら健壱）

つげ義春コレクション（全9冊）　つげ義春

マンガ表現の歴史を変えた、つげ義春。初期代表作から「ガロ」以降すべての作品、さらにイラスト・エッセイを集めたコレクション。

赤線跡を歩く　木村聡

戦後まもなく特殊飲食店街として形成された赤線地帯。その後十余年、都市空間を彩ったその宝石のような建築物と街並みの今を記録した写真集。

世間のひと　鬼海弘雄

浅草寺境内、鬼海弘雄の前に現れたひとたち。四十年にわたり撮影された無名の人々の、尊厳を感じさせる肖像の数々。間にエッセイ・あとがき付。

谷中スケッチブック　森まゆみ

昔かたぎの職人が腕をふるう煎餅屋、豆腐屋。子供たちでにぎわう路地、広大な墓地に眠る人々。取材を重ねて捉えた谷中の姿。（小沢信男）

不思議の町　根津　森まゆみ

一本の小路を入ると表通りとはうって変わって不思議な空間を見せる根津。江戸から明治期への名残りを留める町の姿と歴史を描く。（松山巖）

大阪不案内　森まゆみ・文　太田順一・写真

目を凝らし、耳を傾けて見つけた大阪の奥深い魅力。大阪には不案内の森まゆみ、知り尽くした写真家太田順一、二人の視線が捉えた大阪とは？

東京ひがし案内　森まゆみ・文　内澤旬子・イラスト

庭園、建築、旨い食べ物といっても東京の東地区は年季が入っている。日暮里、三河島、三ノ輪など38箇所を緻密なイラストと地図でご案内。

ヨーロッパぶらりぶらり　山下清

「パンツをはかない男の像はにが手」「人魚のおしりは人間か魚かわからない」。〝裸の大将〟の眼に映ったヨーロッパは？　細密画入り。（赤瀬川原平）

日本ぶらりぶらり　山下清

坊主頭に半ズボン、リュックを背負い日本各地の旅に出た〝裸の大将〟が見聞きするものは不思議なことばかり。スケッチ多数。（壽岳章子）

事物はじまりの物語／旅行鞄のなか　吉村昭

長篇小説の取材で知り得た貴重な出来事に端を発した物語の数々。胃カメラなどを考案したパイオニアたちの話と旅先での事柄を綴ったエッセイ集の合本。

新宿駅最後の小さなお店ベルク　井野朋也

新宿駅15秒の個人カフェ「ベルク」。チェーン店にはない創意工夫に満ちた経営と美味さ。帯文＝奈良美智（柄谷行人／吉田戦車／押野見喜八郎）

私の絵日記　藤原マキ

つげ義春夫人が描いた毎日のささやかな幸せ。家族三人の散歩。子どもとの愉快な会話。口絵8頁。「妻、藤原マキのこと」＝つげ義春。（佐野史郎）

すみだ川気まま絵図　松本哉

隅田川とそこにかかる橋の個性溢れる魅力を、東京下町に詳しい著者が身振り手振りでご紹介。イラスト満載。帯文＝山田五郎（小沢信男／松本哉）

友情　西部邁

自裁した友人が遺した手記をきっかけに、敗戦期からバブル崩壊以後に至る時代を振り返り、ある友情の歴史と終焉を描き切った自伝的長篇評論。（辻原登）

やくざと日本人　猪野健治

やくざは、なぜ生まれたのか？　戦国末期の遊侠無頼から山口組まで、やくざの歴史、社会とのかかわりを、わかりやすく論じる。（鈴木邦男）

生きることの意味　高《コ》史《サ》明《ミョン》

さまざまな衝突の中で死を考えるようになった一朝鮮人少年。彼をささえた人間のやさしさを通して、生きることの意味を考える。（鶴見俊輔）

大正時代の身の上相談　カタログハウス編

他人の悩みはいつの世も蜜の味。大正時代の新聞紙上で129人が相談した、あきれた悩み、深刻な悩みが時代を映し出す。（小谷野敦）

武士の娘　杉本鉞子　大岩美代訳

明治維新期に越後の家に生れ、厳格なしつけと礼儀作法を身につけた少女が開化期の息吹にふれて渡米、近代的女性となるまでの傑作自伝。

戦争と新聞　鈴木健二

明治の台湾出兵から太平洋戦争、湾岸戦争まで、新聞は戦争をどう伝えたか。多くの実例から、報道が孕む矛盾と果たすべき役割を考察。（佐藤卓己）

原子力戦争　田原総一朗

福島原発の事故はすでに起こっていた？　原子力船「むつ」の放射線漏れを背景に、巨大利権が優先される構造を鋭く衝いた迫真のドキュメント・ノベル！

田中清玄自伝　田中清玄　大須賀瑞夫

戦前は武装共産党の指導者、戦後は国際石油戦争に関わるなど、激動の昭和を侍の末裔として多彩な人脈を操りながら駆け抜けた男の「夢と真実」。

ワケありな国境　武田知弘

メキシコ政府発行の「アメリカへ安全に密入国するための公式ガイド」があるってほんと⁉　国境にまつわる60の話題で知る世界の今。

珍日本超老伝　都築響一

著者が日本中を訪ね歩いて巡り逢った、老いを超越した天下御免のウルトラ老人たち29人。オレサマ老人にガツンとヤラれる快感満載！

責任　ラバウルの将軍今村均　角田房子

ラバウルの軍司令官・今村均。軍部内の複雑な関係、戦地、そして戦犯としての服役。戦争の時代を生きた人間の苦悩を描き出す。（保阪正康）

一死、大罪を謝す　陸軍大臣阿南惟幾　角田房子

日本敗戦の八月一五日、自決を遂げた時の陸軍大臣。本土決戦を叫ぶ陸軍をまとめ、戦争終結に至るまでの息詰まるドラマと、軍人の姿を描く。（澤地久枝）

「ガロ」編集長　長井勝一

マンガ誌「ガロ」の灯した火は、大きく燃えあがり驚異的なマンガ文化隆盛へとつながっていった。編集長が語るマンガ出版の哀話。（南伸坊）

総天然色 廃墟本remix　中田薫・文　中筋純・写真　山崎三郎・編

盛者必衰の情景に何を思うか。野ざらしの遊園地やホテル、鉱山町の産業遺構、心霊スポットと化した廃病院……。単行本未収録を含むオールカラー。

神国日本のトンデモ決戦生活　早川タダノリ

これが総力戦だ！　雑誌や広告を覆い尽くしたプロパガンダの数々が浮かび上がらせる戦時下日本のリアルな姿。関連図版をカラーで多数収録。

東條英機と天皇の時代　保阪正康

日本の現代史上、避けて通ることのできない存在である東條英機。軍人から戦争指導者へ、そして極東裁判に至る生涯を通して、昭和期日本の実像に迫る。

ぐろぐろ　松沢呉一

不快とは、下品とは、タブーとは。非常識って何だ。公序良俗を叫び他人の自由を奪う偽善者どもに〝闘うエロライター〟が鉄槌を下す。

消費社会から格差社会へ　三浦展　上野千鶴子

80年代消費社会から、バブル崩壊やグローバル化を経て格差社会へ……。日本人の価値観にもたらされた変化の深層を語りつくす。

暴力団追放を疑え　宮崎学

社会の各分野で進む暴力団追放。「正義」の裏に潜む利権ビジネス、管理型社会の強化。はたして暴力団排除は誰のために？　あえて異論を唱える。

権力の館を歩く　御厨貴

歴代首相や有力政治家の私邸、首相官邸、官庁、政党本部ビルなどを訪ね歩き、その建築空間を分析。権力者たちの素顔と、建物に秘められた真実に迫る。

戦中派虫けら日記　山田風太郎

〈嘘はつくまい。嘘の日記は無意味である〉。戦時下、明日の希望もなく、心身ともに飢餓状態にあった若き風太郎の心の叫び。（久世光彦）

同日同刻　山田風太郎

太平洋戦争中、人々は何を考えどう行動していたのか。敵味方の指導者、軍人、兵士、民衆の姿を膨大な資料を基に再現。（高井有一）

タクシードライバー日誌　梁《ヤン》　石日《ソギル》

座席でとんでもないことをする客、変な女、突然の大事故。仲間たちと客たちを通して現代の縮図を描く異色ドキュメント。（崔洋一）

サムライとヤクザ　氏家幹人

「男らしさ」はどこから来たのか？　戦国の世から徳川の泰平の世へ移る中で生まれる武士道神話・任侠神話を検証する「男」の江戸時代史。

「自分」を生きるための思想入門　竹田青嗣

なぜ「私」は生きづらいのか。「他人」や「社会」をどう考えたらいいのか。誰もがぶつかる問題を平易な言葉で哲学し、よく生きるための〝技術〟を説く。

カムイ伝講義　田中優子

白土三平の名作漫画『カムイ伝』を通して、江戸の社会構造を新視点で読み解く。現代の階層社会の問題が見えると同時に、エコロジカルな未来も見える。

人生を〈半分〉降りる　中島義道

哲学的に生きるには〈半隠遁〉というスタイルを貫くしかない。「清貧」とは異なるその意味と方法を、自身の体験を素材に解き明かす。（中野翠）

哲学の道場　中島義道

哲学は難解で危険なものだ。しかし、世の中にはこれを必要とする人たちがいる。――死の不条理への問いを中心に、哲学の神髄を伝える。（小浜逸郎）

橋本治と内田樹　橋本治　内田樹

不毛で窮屈な議論をほぐし直し、「よきもの」に変える成熟した知性が、あらゆることを語りつくす。伝説の対談集ついに文庫化！（鶴澤寛也）

昭和史探索（全6巻）　半藤一利編著

名著『昭和史』の著者が第一級の史料を厳選、抜粋。時々の情勢や空気を一年ごとに分析し、書き下ろしの解説を付す。《昭和》を深く探る待望のシリーズ。

それからの海舟　半藤一利

江戸城明け渡しの大仕事以後も旧幕臣の生活を支え、徳川家の名誉回復を果たすため新旧相撃つ明治を生き抜いた勝海舟の後半生。（阿川弘之）

荷風さんの昭和　半藤一利

破滅へと向かう昭和前期。永井荷風は驚くべき適確さで世間の不穏な風を読み取っていた。時代風景の中に文豪の日常を描出した傑作。（吉野俊彦）

ちくま文庫

釜ケ《かまが》崎《さき》から　貧困《ひんこん》と野宿《のじゅく》の日本《にほん》

二〇一六年一月十日　第一刷発行
二〇一六年三月五日　第二刷発行

著者　生田武志（いくた・たけし）

発行者　山野浩一
発行所　株式会社　筑摩書房
東京都台東区蔵前二―五―三　〒一一一―八七五五
振替〇〇一六〇―八―四一二三
装幀者　安野光雅
印刷所　株式会社精興社
製本所　株式会社積信堂

ISBN978-4-480-43314-5 C0136